Q&Aで学ぶ

インクルーシブな学級づくり&授業づくり

多様性を包摂する授業UDの視点から

池哲平 編著
ei KIKUCHI

明治図書

はじめに

子どもたちの多様な背景やニーズを理解し、すべての子どもが学びやすい授業や学級づくりを目指すことは教育者の使命です。教室の扉を開けると、そこには多様な個性をもつ子どもたちが待っています。社会はますます多様化し、様々なバックグラウンドをもつ子どもたちが1つの教室に集っているのです。ある意味で教室は社会の縮図です。そこではすべての子どもが公正に学ぶ権利をもち、それぞれが互いに学び合い成長することが求められます。そのために教師は、子どもの多様性を包摂することができるインクルーシブな学級・授業づくりを行っていく必要があります。

インクルーシブな学級・授業づくりを行うためには、日々の授業づくりや学級経営にユニバーサルデザイン（ＵＤ）の視点をもつこと、すなわち「教育のユニバーサルデザイン」を図っていくことが求められます。ＵＤは建築関係の用語として始まったものですが、現在は様々な分野において適用される考え方になっています。インクルーシブな社会を実現するために不可欠な理念です。

日常的にUDと同義の用語として使われるものに、「バリアフリー」があります。研修会等でUDとバリアフリーの違いを受講者に尋ねると、多くの人が「同じ意味で使っていた」という反応を返してきますし、「バリアフリーは障害者向け、UDは万人向けという意味では」という回答を返してきます。UDとバリアフリーの違いを端的に述べるならば、バリアフリーは「既存の障壁を取り除く」ことなのに対し、UDは「最初から全員が使えるように設計する」という違いになります。例えば、段差がある箇所にスロープを設置するのはバリアフリーですが、最初から段差がないように設計することがUDということになります。残念ながら、この世界の様々なものはマジョリティの人向けにつくられていることが多く、マイノリティの人にとっては使いにくい・不便ということが多いのです。UDの本質はマイノリティの立場に寄り添って、もう一度設計段階から見直し、誰もが使いやすい、公平に利用することができるデザインを追求する、ということにあるのです。

この〝誰もが使いやすい、公平に利用することができるデザイン〟というUDの理念を、学校教育における授業づくりや学級経営に導入していくのが「教育のユニバーサルデザイン」です。いうまでもなく学校教育はすべての人に与えられた権利であり義務でもあります。すべての人が、その背景や状況に関係なく、公平に教育を受ける機会が与えられることが大切です。そのためには、どのような能力や特性をもっていても、学習を進めることができる環境を整えることが必要なのです。教育におけるUDとは、先はどのUDの本質に沿って、学校教育のあり方をマイノリティの立場に寄り添って、その設計段階から見直していくことにあります。

本書では、これからの学校教育において不可欠となる教育のユニバーサルデザインについて、Q&Aの形式でわかりやすく解説をすることを目指しました。第1章ではUDを目指す上で前提となる基礎知識についてまとめています。発達障害に関する最新の情報や合理的配慮との考え方など、学校現場で疑問に上りやすい事柄について詳しく解説していきます。続く第2章では、実際の学校現場を想定しながら、インクルーシブな学級・授業づくりについて具体的にポイントを紹介しています。インクルーシブな学級・授業づくりとはどのようなものか、ぜひ本書を通じて具体的にイメージしていただければ幸いです。

2024年8月

菊池　哲平

CONTENTS

CONTENTS

(4) 多様性を包摂するインクルーシブ学級とは

実践編

第2章 取り組もう！インクルーシブな学級・授業づくり

(1) UD授業づくり・学級づくり

(2) 一斉授業内でできる個に応じた配慮

(3) インクルーシブな学級づくり

第1章

理論編

押さえておきたい！インクルーシブ教育の基礎知識

Q

現場の感覚ではもっと多いように感じるのですが…

文部科学省が行った調査では通常の学級に在籍する特別な支援を必要とする児童生徒は8・8%と報告されています。現場の感覚ではもっと多いように感じます。

文部科学省が2022年に行った「通常の学級に在籍する特別な教育的支援を必要とする児童生徒に関する調査」では小中学校全学年の平均で8.8%が該当すると報告されました。2012年の調査結果6.5%に比べ2.3ポイントの増加です。

「ずれ」の理由は調査の具体的な方法にある

調査結果について様々な教員の方と話すと、実際の現場感覚では「8・8%よりも多いのでは」という感想を述べられる先生が多いです。このような現場感覚とのずれが生じる理由は、調査の具体的な方法にあります。

まず、この調査は発達障害などの何らかの障害があると診断された子をピックアップしているのではありません。層化三段抽出法という統計的な調査方法を用いて厳密に抽出した児童生徒について、学習面や行動面の困難を尋ねる合計75の質問項目（学習面：30項目、行動面「不注意及び多動性、衝動性」：18項目、「対人関係やこだわり等」：27項目）それぞれに学級担任等が４段階又は３段階でチェックします。すべての質問項目の回答を領域ごとに集計し、子どもの得点が一定の数値（カットオフスコア）を超えていたら、その領域の著しい困難を有していると判定されます。

調査を行った有識者会議も指摘していますが、あくまで発達障害かどうかを判断しているのではなく、**その子が学習上または生活上の困難を有しているかどうかを評価している**のです。つまり学校生活を通して子どもの困り感に関する「通知表」をつけた結果、８・８％という数値が示されたと考えた方がよいのです。

教師から見て「気になる子」は含まれていない

調査では、例えば「学習面：計算する」領域の項目が5問設定されています。このうち、〈四則の混合した式などを正しい順序で計算できない〉に「ときどきある（2点）」と回答しても、その他の４項目が「ない（0点）」「まれにある（1点）」ならばカットオフスコアの12点を超えずに該当しなくなります。

おそらく現場感覚としては、２〜４項目で「ときどきある」がついていたら「気になる子」として感じるでしょう。仮に合計で６点〜11点の子どもを「気になる子」としてカウントすれば、今回の調査結果で示されている得点分布から鑑みると２倍程度、約15％程度が対象になるものと思われます。35人学級だと５・25人が該当することになります。そのように考えると、文科省調査が示す８・８％に該当する子どもは、かなり厳しい困難を抱える子どもであり、通常の学級にはもっと多くの支援が必要な子どもが在籍しているといえるでしょう。

「学習面：計算する」領域の項目（小学校）

・学年相応の数の意味や表し方についての理解が難しい
（三千四十七を300047や347と書く。分母の大きい方が分数の値として大きいと思っている）
・簡単な計算が暗算でできない
・計算をするのにとても時間がかかる
・答えを得るのにいくつかの手書きを要する問題を解くのが難しい（四則混合の計算。２つの立式を必要とする計算）
・学年相応の文章題を解くのが難しい

上記の項目に０：ない、１：まれにある、２：ときどきある、３：よくある、の４段階で回答、合計12ポイント以上を示した児童がカウントされる

大事なのは「8・8%」という数値ではない

メディア等では「8・8%」という数値がセンセーショナルに報じられ数の多さに注目が集まりがちですが、調査結果が示す重要なポイントはそこではありません。「特別な教育的支援が必要な児童生徒」と判断された8・8%の児童生徒が受けている支援の状況（通級による指導や個別の教育支援計画の作成など）についても報告されているのですが、こちらの数字が軒並み10～30%程度と低いことが示されました。教員からみて多くの困難を抱えていると思われる児童生徒に適切な教育的支援を提供できていない、という実態が浮き彫りになっています。

通常学級では困難を抱えている児童生徒に個別に対応するためには、どうしてもリソースに限界があります。この本では、特別な教育的支援が必要な児童生徒に対してどのようにアプローチすればよいか、その基本的な考え方や通常学級の中でも可能な手立てについて紹介していきたいと思います。

(1) 文部科学省調査「8・8%」について

支援が必要なのは発達障害の子だけですか？

クラスには発達障害のある子どもだけではなく、他にも様々な配慮が必要な子どもが在籍しているように感じています。どのような子どもがいるのでしょうか。

通常の学級には発達障害以外にも様々な教育的支援が必要な子どもが在籍しています。「令和の日本型学校教育」（中教審，2021）においても多様化する子どもたちへの個別最適な学びを実現することが謳われています。

文科省の調査はあくまで「発達障害」に関連する症状に限定している

文部科学省の「通常の学級に在籍する特別な教育的支援を必要とする児童生徒に関する調査」は、ＬＤ（学習障害）のチェックリストであるＬＤＩ－Ｒと、ＡＤＨＤ評価スケール、及び知的障害のない高機能自閉症をスクリーニングするＡＳＳＱという３つの発達障害に関する質問紙をもとに項目が作成されています。そのため、ＬＤ、ＡＤＨＤ、高機能自閉症以外の子どもについては対象外であり、８・８％には含まれていません。

この文科省調査は２００２年に第１回目が行われ、その頃は特別支援教育の開始（２０

07年度）より前だったため、多くの現場にいる教員が発達障害の知識が乏しかった時代でした。そのため、発達障害と疑われる子どもが通常の学級にどのくらい在籍するかを調べることにより、特別支援教育の必要性を訴えるという意味合いが強かったと思います。第1回目の調査から20年が経ち、学校現場における発達障害に関する理解は格段に進みました。発達障害のある子どもがクラスに複数名在籍していることが当たり前である、という認識になったと思います。

現在では発達障害以外にも、様々なニーズのある子どもが通常の学級に在籍していることが指摘されるようになってきました。例えば、外国人児童生徒や外国にルーツのある子どもなど、母語や家庭での使用言語が日本語以外の子どもや、言葉の面以外でも特別な支援や配慮を必要とする子どもです。また性同一性障害など性的マイノリティの児童生徒、貧困やヤングケアラーなど家庭環境の問題を抱える子どもなども、学校牛活で様々な配慮が必要になるという点で、特別な教育的ニーズがあるといえるでしょう。

国際的な潮流は「D&I」

もちろん、これらの子どもたちは以前から通常の学級に在籍していました。しかしながら、こうした様々な背景事情のある子どもたちのことは「あえて特別視しない方が望ましい」と捉えられていて、特別な配慮や支援が与えられることは少なかったと思います。例えば、ＬＧＢＴＱの子どもは、体育授業時の更衣やトイレの利用、修学旅行や宿泊学習の際の入浴や部屋わり等で配慮が必要になりますが、「他の児童生徒とは違う存在」として認識されることを恐れて、あえて配慮をせずに周囲の子どもと同じように扱うことが多かったでしょう。保護者や本人がそのように希望する場合もありますが、自分の本当の姿を隠してみんなと同じように振る舞わざるを得ない状況に強いストレスを抱え、精神的な不調へと発展していくことがあります。

現在の国際的潮流は、多様性を積極的に認め合い、誰もが自分らしく活躍できるように、多様性を包摂可能な社会を目指しています。こうした理念をＤ＆Ｉ（ダイバーシティ＆インクルージョン）と呼び、単純に多様性を認識するだけでなく、一人ひとりが受け入れ尊重することで個人の力が発揮できる環境を整備していこう、という考え方です。学校教育においても、様々な、個人が力を発揮できる環境を整備していくことが求められます。

「令和の日本型学校教育」にも D&Iの理念が謳われている

このD&Iの理念は、中教審が答申した「令和の日本型学校教育」の中にも謳われています。令和の日本型学校教育を構築するための今後の方向性として「学校の多様性と包摂性を高めることが必要である」と位置づけ、「現状の学校教育における個の確立と異質な他者との対話を促すことに弱さがあるとの指摘も踏まえ、一人一人の内的なニーズや自発性に応じた多様化を軸にした学校文化となり、子供たちの個性が生きるよう、個別化と協働化を適切に組み合わせた学習を実施していく」とされています。

インクルーシブ教育の推進はD&Iの理念と軌を一にしています。障害のある子どもへの教育というだけでなく、**その他の多様な教育的支援ニーズのある子どもたちも射程に入った新時代の学校教育のあり方**として、D&Iは重要なキーワードになっていくのではないでしょうか。

学年が上がるにつれて割合が減るのはなぜですか？

文科省の調査結果をみると、学年が上がるにつれて特別な教育的ニーズのある児童生徒の割合は少なくなっていますが、どうして割合が下がるのでしょうか。

先述した文部科学省による調査結果によると、小学校段階における要支援児の割合は10.4%なのに対し、中学校では5.6%、高校では2.2%と年齢が上がるにつれて減少しています。

調査項目に鍵がある

文科省の調査結果を学年別に集計したものが次ページの表です。若干の入れ替わりはあるものの、概ね小学校2学年がピークで、学年を追うごとに割合が下がっているのがわかります。「学習面又は行動面で著しい困難」を示す児童は小2段階では12・4%ですが、小6では8・9%になり、中3では4・2%、高3では2・1%となっています。

今回の調査で用いられた質問項目は既存の尺度（LDI-R、ADHD評価スケール、ASSQ）をもとにしており、内容的に小学校段階、特に低学年児童向けの項目が多く含まれています。例えば、学習面「読むこと」に関する質問項目である「音読が遅い」という項目は、小学校低学年段階では教科書の音読をする場面が多いのですが、高学年になると音読をする場面は少なくなるため教師が気づきにくくなります。そのため該当すると判断される子どもが少なくなっていると考えられます。今回、新たに高等学校を対象にしたため、中学校・高校ではいくつかの質問項目を入れ替えたのですが、それでも全体としては低学年向けのものが多いように思われます。

調査では捉えられない困難が増えてくる

学年が上がるにつれて学習内容は高度化し、またクラス内での友人関係も複雑になってきます。それ

		学習面又は行動面で著しい困難	A：学習面で著しい困難	B：「不注意」又は「多動性ー衝動性」の問題	C：「対人関係やこだわり等」の問題
小学校 10.4% A:7.8% B:4.7% C:2.0%	第１学年	12.0%	9.1%	5.6%	2.0%
	第２学年	12.4%	9.0%	5.8%	2.4%
	第３学年	11.0%	8.2%	5.1%	2.1%
	第４学年	9.8%	7.3%	4.5%	1.5%
	第５学年	8.6%	6.8%	3.7%	1.9%
	第６学年	8.9%	6.4%	3.8%	1.9%
中学校 5.6% A:3.7% B:2.6% C:1.1%	第１学年	6.2%	4.1%	3.0%	1.3%
	第２学年	6.3%	4.1%	3.3%	1.2%
	第３学年	4.2%	2.9%	1.6%	0.8%
高等学校 2.2% A:1.3% B:1.0% C:0.5%	第１学年	2.3%	1.3%	1.0%	0.6%
	第２学年	2.2%	1.4%	1.1%	0.5%
	第３学年	2.1%	1.1%	0.9%	0.4%

までは表面化していなかった発達障害の特性から生じる問題が浮かび上がることもあります。特に算数・数学は系統性や連続性が強い教科なので、小学校段階での算数学習のつまずきが中学校・高校における数学の学習に強く影響します。たとえ表面的には習得できているようであっても本質的な理解にいたっていない場合もあるため、抽象的な思考が必要となる数学でつまずきが露わになることも多いようです。

さらに中学校・高校段階になると発達障害の特性そのものから生じる問題だけでなく、様々な失敗経験が積み重なることにより二次障害と呼ばれる状態が生じてくることがあります。発達障害の特性から学習面でのつまずき、対人関係上のトラブルなどが頻発すると、周囲から非難や叱責を受けることが多くなります。それにより自尊心や自己効力感が低下し、抑うつなどの情緒的な問題や非行など反発心を抱えるようになり、新たな行動上の問題が出現するようになります。

特に思春期は一般的にも自己と他者の違いについて悩みが大きくなる時期です。「自分は他の人とは違うのではないか」という気づきが自尊心や自己効力感の低下と結びつき精神的な葛藤をもたらします。そのため中学校や高校段階では二次障害への対応が必要になることが多いのです。

二次障害を予防することが大切

一旦、二次障害が形成されてしまうと学校や家庭だけでは対応が難しいことがほとんどです。医療機関等での診断や薬物療法などが必要になることもあります。ただし、医療機関での診断・治療だけで二次障害のすべてを解決することは難しく、学校・家庭などの周囲のサポートも欠かせません。

二次障害への対策については、**まずは二次障害を予防するという観点が大切**です。本人が過ごしやすいように環境を調整し、必要があれば合理的配慮を提供することで二次障害を引き起こしにくくします。さらに自尊心や自己効力感を培えるように成功体験の機会を提供することが求められます。苦手な分野への努力を求めるだけでなく、得意な分野で能力を発揮できる機会を充実させていくことが必要です。

「発達障害」にはどんなものがありますか？

発達障害に含まれる障害にはどのようなものがありますか？　診断名も以前から変化していると聞いていますが…。

発達障害の定義は時代とともに変化しています。そのため最新の診断基準を理解しておくことが必要ですが、名称が変わったり新しい診断カテゴリーができたりと複雑です。

医学的な発達障害の定義

現在、国際的な診断基準として用いられているDSM-5-TR（アメリカ精神医学会による診断基準、2022年発行）やICD-11（WHOによる疾病分類、2022年に発行され現在日本国内で適用のための調整中）では、発達障害は「神経発達症」として位置づけられています。〝神経〟とつけられていることからわかるように、このカテゴリーに含まれる障害は生得的な脳の機能障害であり、育て方や性格の問題ではないことが強調されています。なお日本精神神経学会では英語の「Disorder」について、以前は「障害」

と訳されていましたが、ネガティブなイメージを避けるため「〜症」と訳すことを提唱しています（知的発達症のみ、知的能力障害という表記を併記することになっています）。本書では医学的な疾患名を指す場合は「〜症」と記載しますが、それ以外では現在の学校現場で多く用いられている「障害」を用います。

DSM-5-TRの「神経発達症群」では、主に下の表のように分類されています。

ただし、これらは国際的な医学的診断基準に基づくもののため、日本国内の法令における定義とは異なります。例えば、知的障害は、国内法においては知的障害者福祉法に基づく障害であり、発達障害者支援法

DSM-5-TRにおける神経発達症群の診断カテゴリー

診断カテゴリー			備考
神経発達症群	知的発達症群	知的発達症（知的能力障害）	標準化された知能検査によって確認される場合
		全般的発達遅延	知的検査の評価ができない場合（幼児など）
	コミュニケーション症群	言語症	
		語音症	
		児童期発症流暢症（吃音）	
		社会的（語用論的）コミュニケーション症	
	自閉スペクトラム症		
	注意欠如多動症		
	限局性学習症		読字、書字、算数の困難に限定
	運動症群	発達性協調運動症	
		常同運動症	
		チック症群	トゥレット症、持続性（慢性）運動又は音声チック症など
	他の神経発達症群		

＊診断基準を完全に満たさない場合につけられる「特定不能」などのカテゴリは省略（例：「注意欠如多動症、特定不能」）

に基づく発達障害とは異なります。また教育分野では「聞く・話す・読む・書く・計算する・推論する」能力のうち一部の困難と位置づけられている学習障害は、医学的には読字、書字、算数に関する困難が限局性学習症に該当し、「聞く・話す」ことの困難はコミュニケーション症（言語症、語音症）に含まれるなど、その定義も異なります。また学校現場では通常は発達障害と捉えないチック症が含まれるなど、**医学的な診断カテゴリーと学校を始めとする教育・福祉分野における発達障害の捉え方には違いがある**と理解しておいてください。

最新の発達障害の定義のポイント

自閉症関連では、DSM-Ⅳ-TRまでは広汎性発達障害と呼ばれるカテゴリーがあり、その下位カテゴリーとして自閉性障害やアスペルガー障害などに細分化されていました。これらの自閉症と近縁の障害については鑑別することが困難なことや、支援方法についても大きな違いがないことから「自閉スペクトラム症（ASD）」に一本化されました。またASDの診断基準に感覚の問題（過敏／鈍麻）が追加されるなど、以前よりも多彩な症状を示す広い概念であると認められるようになっています（次節にて詳しく解説）。

しかしながら実際の現場では以前の診断名である「アスペルガー障害」や「自閉性障害」などがそのまま使われていることもあります。これは診断された時期が幼少期など以前の診断基準に沿って診断された場合もあれば、実際の診断名は正式なものだったとしても、医師から「以前のアスペルガー障害に該当する」と保護者が伝えられ、そちらを通称のように使っている場合もあると思われます。

一方で、以前「特定不能の広汎性発達障害」とされていた自閉性障害等の診断基準を満たさないが明らかに近縁の特徴を示すという、いわゆる「自閉傾向」とされるケースについては、「社会的（語用論的）コミュニケーション症（SCD）」という診断名が追加さ

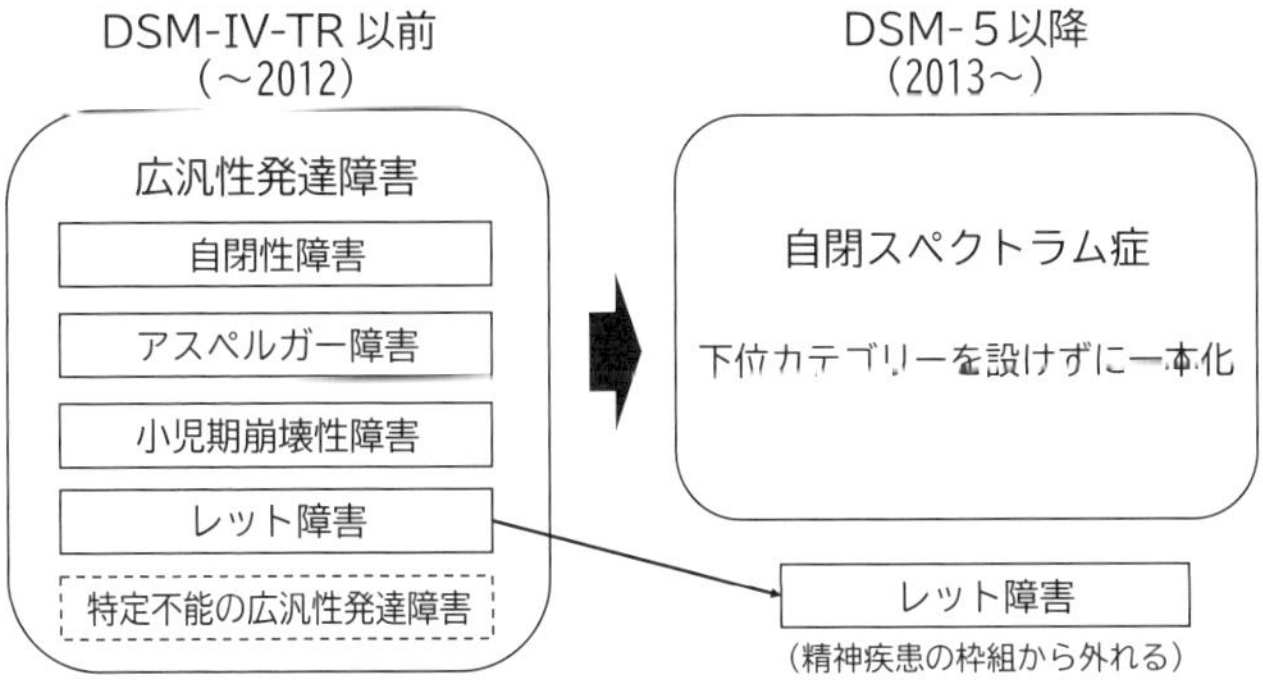

自閉スペクトラム症への一本化

れたことにより、変化が生じています。このSCDは、ASDの診断基準のうち「行動・興味・活動の限局した興味や反復的な行動」、すなわちこだわりが見られない場合の診断カテゴリーです。従来は特定不能の広汎性発達障害とされていたケースの大部分が、こちらのカテゴリーに該当するのではないかという指摘もあります。またアスペルガー障害の診断を受けている子どもの中にも、厳密にはSCDに該当するケースも相当数いると推測されています。日本ではSCDの診断名はいまだ普及していませんが、いずれ学校にも同診断名をもつ子どもが在籍するようになるかもしれません。

また前バージョンのDSM-Ⅳまでは認められていなかったASDとADHDとの併存がDSM-5からは認められています。学校現場では以前からASD（あるいは自閉性障害やアスペルガー障害）とADHDの両方の診断を受けている子どもが存在していましたが、正式に認められるようになったのはDSM-5からです。

発達性協調運動障害（DCD）に注目が集まってきている

また近年着目されている発達障害の1つに「発達性協調運動症（DCD）」があります。

ＤＣＤは、身体にまひなどの問題がないにもかかわらず、目と手や足などを同時に使う協調運動が困難な状態を示し、球技などの全身を使うスポーツや、複雑で繊細な動作が求められる活動（書字や紐結び、模型の組み立てなど）に困難を示します。ＤＣＤは他の発達障害と併存することが多く、特に約半数がＡＤＨＤと合併するといわれています。ＤＣＤによる不器用さやスポーツなどの苦手意識は、子どもの自尊心や自己効力感に影響しやすいため、作業や運動場面において様々な支援・配慮が必要になります。

単一の発達障害よりも複数を併存する方が多い

各種の発達障害は単一で存在するよりも、むしろ複数を併存する方が多いといわれています。複数の発達障害を併存した状態の場合、単独の場合よりも症状が強く新たな困難が生じるなど、問題が複雑化することが多いです。先述したようにＤＳＭ－５からはＡＳＤとＡＤＨＤの合併が認められるようになっています。そのため学校現場では**診断名にこだわるよりも、一人ひとりの状態像やニーズをしっかりと把握し、個々の児童生徒に合わせた支援計画を立案する**ことが大切であると考えておきましょう。

「読み書き障害」とは何ですか?

読み書き障害のある子は、どんなことが苦手なのでしょうか？　詳しく教えてください。

算数などの他の教科は得意なのに、読むことや書くことが極端に苦手な子どもたちがいます。なぜ読めないのか、なぜ書けないのか、その背景を解説します。

「読み書き障害」とは

「読み書き障害」とは、学習障害（ＬＤ）の中でも文字や文章を読んだり書いたりすることに困難を示す子どもたちを指します。

文部科学省は学習障害を「聞く」「話す」「読む」「書く」「計算する」または「推論する」の6つの能力のうち、特定のものの習得と使用に著しい困難を示す様々な状態を指すものと定義しています。一方、医学的な診断名である「限局性学習症（ＳＬＤ）」は、読字と書字表出の困難及び計算や推論などの算数に関する能力についての困難が診断基準になっています。特に文字や文章の読み書きは多くの教科の学習や生活に大きな困難をもたらすことが多いため、「読み書き障害」と表現されることが増えてきました。通常、読字が困難である場合は書字にも困難を伴うため、読字障害＝読み書き障害と表現されることもあります。

以前は、読字の困難に対して「読字障害（ディスレクシア）」、書きの困難に「書字表出障害（ディスグラフィア）」、算数の困難に「算数障害（ディスカリキュア）」とそれぞれ別の診断名がつくことがありましたが、これらの障害は個人差がある場合や併存していることが多いため、診断名としては「限局性学習症」に一本化されています（読字・書字・算数に困難が見られる場合は「〇〇を伴う限局性学習症」と特定されます）。

「読み書き障害」の割合

文部科学省（２０２２）によると、小中学校の通常の学級で学習面又は行動面で著しい困難を示す８・８％の児童生徒のうち、学習面での困難を示す児童は６・５％、行動面での困難を示す児童が４・７％、学習面と行動面の両面で困難を示す児童が２・３％となっています。この項では、「読み書き障害」について述べるため、学習面を主に考えていきますが、この「学習面」は、「聞く」「話す」「読む」「書く」「計算する」「推論する」の6領域から構成されており、結果の内訳を見てみると、「読む」または「書く」に著しい困難を示す児童は3・5%と報告されています（「聞く」または「話す」は2・5%、「計算する」又は「推論する」は3・4%）。3・5%は35人学級で1・2人に相当しますので、1クラスに1名以上は読み書き障害の子どもが在籍していると考えてよいでしょう。

なぜ読めないのか

読字障害は、文字を「読む」ことに困難があるため、文章を正確に読んだり、すらすら読んだりすることに難しさがあります。例えば、文章を読むときに、一文字ずつ区切って読んでしまう、単語を不自然な場所で区切って読んでしまう、特殊音節が正しく読めない、そういった子どもがいないでしょうか。実は、私たちは無意識のうちに、文章を読む際、文字を見分け、その文字から意味のある単語を見つけ、音に変換し、脳で既に記憶している意味と結びつけ、単語もしくは文章全体の意味を理解する、という複雑な作業を同時に、瞬間的に行っています。つまり、文字と音とを結びつける「音韻処理」と、文字の形やまとまりを認識し意味と結びつける「視覚的な処理」とが必要になるのです。しかし、読字障害の場合、そういった情報処理の機能がうまく作用しないため読みに困難が生じると考えられています。例えば、音韻処理に困難がある場合、「あ」という文字を見たときに「a」という音とが結びつかず、読むことが難しいことがあります。また、「さかな」という単語を読むとき、「さ」「か」「な」と一音ずつ読めてもそれを「さかな」という1つのまとまりとして捉えることが難しいことがあります。

一方、視覚的な処理に困難がある場合、通常とは異なる文字の見え方に原因があるとされています。例えば下図のように、文字が反転する、二重に見える、歪んで見える…。もしこのように文字が見えていたとし

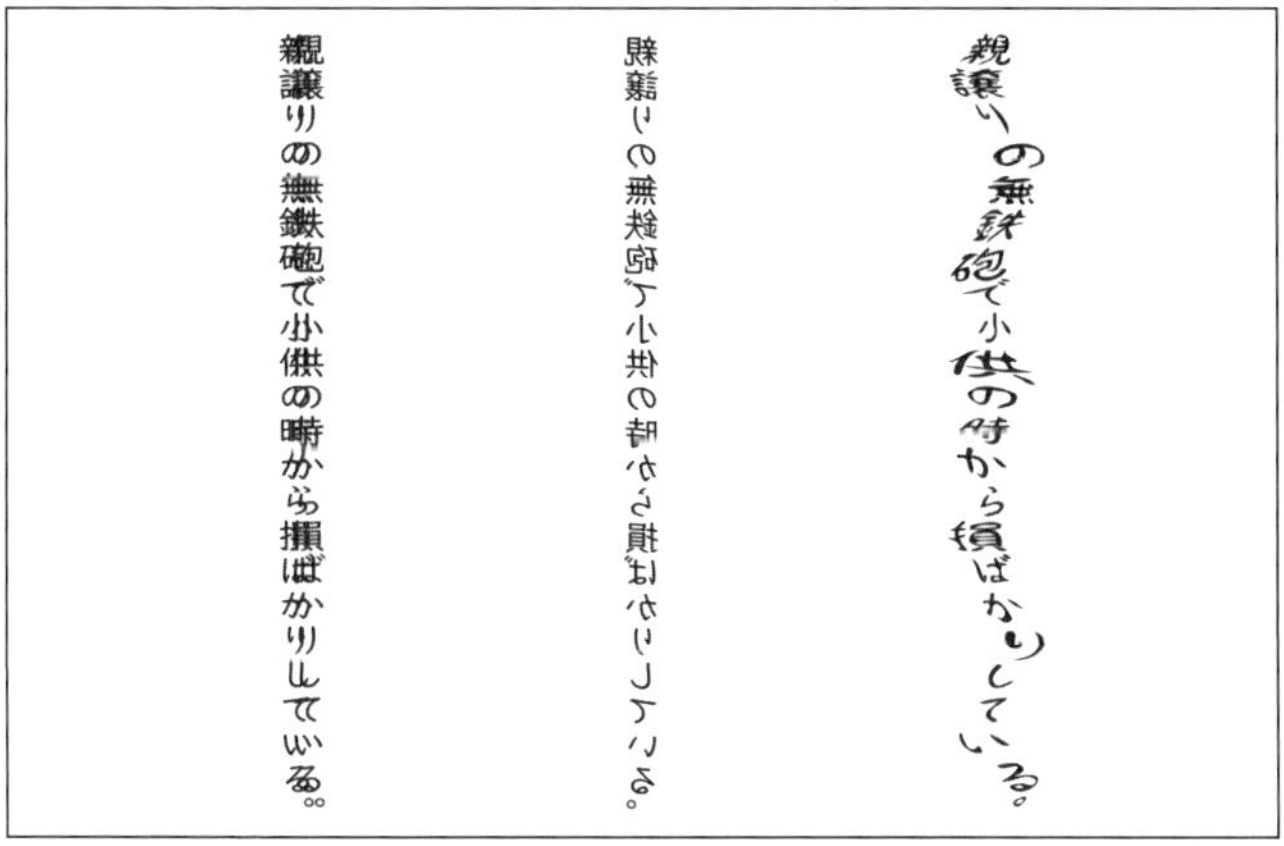

たら、非常に読みづらく、文字をまとまりとして捉えることが難しいことがわかります。

なぜ書けないのか

書字障害は、文字を「書く」ことに困難があります。例えば、文字を書くときに、鏡文字を書く、マス目から大きくはみ出して書く、意味は理解しているのにその文字を正しく書けない、そういった子どもがいないでしょうか。文字を読むことと同様、文字を書く際にも、私たちは無意識のうちに、「音韻処理」や「視覚的な処理」を行っています。視覚的な処理に困難がある場合、文字の形や、マス目の中での文字の位置を正しく認知することが難しくなります。そのため、〝日〟という文字を〝口〟と〝口〟に分けて書いてしまうなど、正しく文字を捉えられないことが、正しく書けないことにつながってしまいます。また、音韻処理に困難がある場合、目で見た文字から音を想起したり、音から文字を想起したりする力が弱くなるため、正しく書けないことにつながってしまいます。

「できない」を積み重ねている子どもたち

読字に困難を生じることで、読む機会が減少し、語彙や知識の獲得を妨げているといわれています。また、「全般的な知的発達に遅れがないものの「読む」「書く」といった一部の能力に困難が生じるため、「全くできない」わけではないことから、周囲から努力が足りない、怠けていると捉えられることもあり、子どもたちは学校生活の中で、「ちゃんとやりなさい」「どうしてできないの」「頑張ればできるようになる」といった声かけ、または叱責を受けているのが現状です。

しかし、先に述べたような状況の中で、子どもたちはただ単に練習を繰り返せば上手に読むことができるようになるのでしょうか。正しく書くことができるようになるのでしょうか。私たち教師の声かけや手立てによって、子どもたちは自信をつけることもできれば、反対に自信喪失や二次的な情緒障害につながることもあります。第2章で述べますが、可能な限り一人ひとりに合わせた指導や声かけをすることで、**子どもたちに「できた」「自分にもできるんだ」という自信をつけていくことが大切**だと考えます。

「ADHD」とは何ですか？

担任しているクラスでADHDの診断を受けている子がいます。どのような障害なのか、具体的に教えてください。

特別支援教育が開始される以前は「落ち着きがない子ども」としてイメージされることが多かったADHDですが、不注意症状が優勢なタイプもかなり存在することがわかってきました。

同じ「ADHD」でもいくつかのタイプに分かれる

ADHDはDSM-5の注意欠如多動症（Attention Deficit Hyperactivity Disorder）の頭文字をとったものであり、以前は「注意欠陥多動性障害」といわれていました。日本語名から予想されるように、注意の困難（不注意）と多動性及び衝動性を主な症状にする発達障害ですが、同じADHDでも状態によって症状の出現の仕方が変わり、そのためいくつかのタイプに分けて捉えられることが多いです。

まずADHDの症状のうち、「不注意」が強く認められる場合、「不注意優勢型」のAD

ＨＤと呼ばれます。不注意症状は単純に注意の集中が持続しないなどの問題だけでなく、必要以上に集中し過ぎてしまう過集中の問題など、注意の配分やコントロールの問題を呈することもあります。そのため本人が集中しやすい環境を最大限つくりながら、少しでも注意を適切にコントロールして課題に取り組むことができたらほめるなどを繰り返して、注意のコントロール力を高めるなどの取り組みが必要になります。

一方、多動や衝動性などの症状が強く見られる場合は「多動―衝動性優勢型」と呼ばれます。「多動」という言葉からは〝落ち着きなく動き回る〟という印象を受け、授業中に立ち歩く子どものイメージをもたれることが多いのですが、動きを伴わない非移動性多動も含みます。授業中に着席しているが、手足や身体をモゾモゾさせる、たくさん喋りすぎる（多弁）等の行為も多動症状に含まれます。また多動症状の背景に強い衝動性があることが多く、思いついたことを実行してよいかどうかを判断するための一時的な行動抑制に困難さを示します。そのため、不注意の場合と同様、衝動性を抑制する自己コントロール力を高める取り組みが大切です。

また不注意症状と多動―衝動性症状の両方を強く示す場合は、「混合型」と呼ばれます。

優勢症状は年齢によって変化することが多い

不注意優勢型と多動—衝動性優勢型は固定的なものではなく、年齢によってどちらの症状が優勢になるのかは変化します。就学前の幼児期や小学校低学年では多動—衝動性の方が目立つことが多いですが、小学校高学年や中高生になると不注意症状の方が目立つようになり、見かけ上の多動性はおさまってくることがあります。このことからわかるように、不注意優勢型と多動—衝動性優勢型は決して異なる障害ではなく、同じ障害の表現形が異なるものと捉えた方がよいのです。

ただし、不注意優勢型の場合はその症状がＡＤＨＤによるものと認識されずに、本人の性格の問題であると捉えられてしまうことがあります。多動—衝動性が強い場合、授業中の様子や他児とのトラブルが頻発することなどからＡＤＨＤの問題に気づかれやすいのですが、不注意優勢型の子が授業中にボーっとして違うことに気を取られていても、「のんびりした子だ」と解釈されてしまうことがあります。

また多動—衝動性優勢型の場合も、園や学校など集団生活の場面では他の子どもと比べて落ち着きのなさが目立ちますが、自分のペースで過ごせる家庭などでは特に困りごとが明確にならないことがあり、教師と保護者で認識が異なってしまうこともよくあります。

　ＡＤＨＤによる困難であると理解されずに適切な支援を受けないままだと、失敗体験や周囲からの叱責非難が重積してしまい、不安障害や抑うつ症状などの様々な二次障害に発展することがあります。また、逆に否定的な自己イメージを背景に非行や触法行為などに手を染めてしまうことがあるとも指摘されています。**二次障害を予防するために失敗体験を回避して成功体験を積み上げるように支援していくこと**が大切です。

クラスに２〜３人程度は該当する

　一般的にＡＤＨＤの有病率は子どもで５〜６％、成人で３〜４％程度といわれます。35人学級で考えると、クラスに２〜３人程度は在籍している計算になります。

　子どもの場合では、ＡＤＨＤの診断を有する子どもは男児の方が女児より多いようですが、成人の場合は男女差はなくなります。子どもの場合、特に多動―衝動性を有する子は男児の方が多い傾向があり、逆に女児は不注意優勢型の子どもが多いようです。そのため、男児のＡＤＨＤの方が周囲に気づかれやすく、早期から支援を受けていることが多いのですが、女児の場合は周囲も本人も気づかないままになっているケースが少なからず存在します。ＡＤＨＤであることが周囲に気づかれないままだと、先述したように二次障害のリスクが高まるため、可能な限り早く本人の困りに気づき正しい理解をすることが求められます。

ＡＤＨＤに対する薬物療法

医療機関を受診している場合、ＡＤＨＤの薬が処方されていることがあります。2024年5月現在、日本ではＡＤＨＤに処方される薬として「コンサータ」「ストラテラ」「インチュニブ」「ビバンセ」という4つが認められています。ただし、これらの薬はあくまでＡＤＨＤの症状を一時的に緩和するものです。この薬を飲んでいる間は症状が弱まるだけですので、ＡＤＨＤそのものを根本的に治療するものではありません。また強い副作用や依存性があることなどから、薬の処方はかなり慎重に行われます。

近年、学校現場でもこれらのＡＤＨＤ薬の存在が知られるようになり、教員が保護者に医療機関の受診を勧め、「薬を処方してもらって」などと伝えることがあるようです。しかしながら薬の処方は医師の判断で行われるものであり、**教員が投薬を勧めることは本来望ましいことではありません。**また薬の処方は心理社会療法と組み合わせることが前提であり、学校や家庭での支援が必要なくなるわけではありません。むしろ、服薬中に成功体験を味わってもらうことが重要なため、より一層の配慮や支援が求められます。

先述したように、副作用や依存性のリスクなどを総合的に鑑みて、通常の薬物投与以外の支援だけでは本人の不利益が大きいという場合に処方されるものであることを理解しておくべきです。

「自閉スペクトラム症」とは何ですか？

自閉スペクトラム症の「スペクトラム」とはどのような意味なのでしょう？　以前は「アスペルガー障害」や「自閉症」などの名前で呼ばれていましたが、支援の方法などに違いはありますか？

現在の正式な診断名である「自閉スペクトラム症」の概念は、以前とどう違っているのでしょうか。ここでは“スペクトラム”という用語の意味や、以前の診断名との違いを解説します。

「スペクトラム」は〝連続体〟の意味

以前は「自閉性障害」や「アスペルガー障害」など、それぞれの名称で呼ばれていたものがDSM-5から「自閉スペクトラム症」に一本化されました。「スペクトラム」とは物理学における連続スペクトル（spectrum）からきており、〝虹〟のように様々な色が連続してつながっているという意味です。自閉スペクトラム症は、以前と比べてかなり幅の広い一連の症状を連続体として1つの障害として捉えるように変化しました。

元々の診断名である「自閉性障害」や「アスペルガー障害」などは自閉症研究の歴史が

関係しています。

「自閉性障害」はレオ・カナー（Leo Kanner）が提唱した「早期小児自閉症（early infantile autism）」をもとにしています。カナーは１９４３年に自身が診察していた11名の症例について報告し、その臨床症状から１つの症候群として「自閉症」と名づけました。カナーが報告した事例の大部分が知的障害あるいは言語障害を有しており、他者との社会的交流を避ける傾向がありました。

一方、ハンス・アスペルガー（Hans Asperger）は１９４４年に４例の症例をもとに「自閉的精神病質（autistic psychopathy）」と名づけて報告しています。アスペルガーの報告した４例はカナーの症例と異なり、全員が高い言語能力や知的能力を示していました。

このため、両者が報告した事例が同一のものなのかどうかが議論され、ＤＳＭ－Ⅳでは各々「自閉性障害」と「アスペルガー障害」と別の名称が付与されていました。また３～４歳までは正常な発達をしていたものの、急激に自閉性障害と同じような症状を示した「小児期崩壊性障害」と呼ばれるカテゴリーや、自閉性障害やアスペルガー障害の診断基準を完全には満たさない「特定不能の広汎性発達障害」と呼ばれる診断カテゴリーもありました。

現在では、両者は同一の障害であると考えられており、虹のようにある一部分を見ると別の色に見えるが、その境界線は曖昧であるという意味から〝スペクトラム〟と名づけられています。

基本的に支援方法は同一のことが多い

自閉性障害とアスペルガー障害、あるいは小児期崩壊性障害や特定不能の広汎性発達障害など細かなカテゴリーに分かれていたものを自閉スペクトラム症に一本化したのには2つの理由があります。

1つは、それぞれの診断基準は重なり合うところが多く、鑑別が困難で診断が一貫しないことが多くあったことです。診断する医師によってアスペルガー障害や特定不能の広汎性発達障害など異なる名称が与えられることになり、混乱を招くことがありました。

もう1つの理由は、どの診断名であったとしても、実際の支援方法は大きく変わらず同じようなアプローチになることがほとんどで、わざわざ鑑別する必要性が大きくないためです。

　しかしながら、現場レベルでは以前の診断名が残っていることが多く（ＤＳＭ－５の改訂前に診断された場合は既存の診断名が採用される）、また専門家間でもアスペルガー障害やカナー症候群（アスペルガー障害に対してカナーが報告したような言語障害や知的障害を伴うＡＳＤのこと。正式な診断名ではない）などの用語を使う場合もあります。

「スペクトラム」は定型発達も含む？

　もう１つ、スペクトラムという概念について考えておきます。ＡＳＤの示す症状は定型発達の人たちにも多かれ少なかれ認められます。例えば、ＡＳＤの症状の１つである「こだわり（制限された反復的な行動、興味、または活動のパターン）」は、定型発達の人の中にもこだわりが強い人もいるし、同じ活動パターンを好む人もいるでしょう。その意味で、ＡＳＤは定型発達から連続する神経多様性（ニューロダイバーシティ）の一形態であるということもできます。

　ただし、自閉症スペクトラムと呼ぶ場合、その範囲はＡＳＤの人たちに限定され、ＡＳ

Ｄの中の多様な症状を示しています。定型発達も含んだ連続体という意味ではないので、注意が必要です。同じようにニューロダイバーシティという用語を、ＡＳＤを始めとする発達障害と同一の意味で用いるのも正しくありません。

ＡＳＤに限らず神経発達症群の診断は、単純に症状の強さだけで決まるのではなく、生活上の機能障害があるかどうか、すなわちそれらの症状によって日常生活に支障が生じているかどうかによって判断されます。逆にいうと、症状が明確に認められる場合であっても、生活上に支障が生じていない場合は診断されません。バロン＝コーエン（Baron-Cohen）は、ＡＳＤの症状を強く示す人の中にも社会的に適応していて「障害」とは捉えられないケースがあることを指摘し、ＡＳＣ（autism spectrum condition：自閉症スペクトラム症状）という用語を提唱しています。そのように考えると、発達障害とは定型発達と一線を画した異なる存在と考えるよりも、定型発達も含めた連続体であると捉える方がよいと思います。

このスペクトラムを定型発達を含めて捉える考え方は、通常の学級における支援を考える上で、大きな示唆を与えてくれます。すなわち定型発達と呼ばれる子どもたちの中にも、ＡＳＤや他の発達障害の診断基準を満たさなくても、大なり小なり支援ニーズを抱えている子どもがいる、ということです。そのため、発達障害の診断がある子どもが在籍しているか否かにかかわらず、誰もが学びやすい、過ごしやすい通常の学級をつくっていくことが求められることになります。

　具体的な授業・学級づくりは第2章で述べていくことになりますが、ＡＳＤを始めとする発達障害概念は以前のように「診断基準を満たす＝障害がある」という単純な概念ではなくなっていると理解しておくとよいでしょう。

「DCD」とは何ですか？

発達性協調運動症（DCD）という言葉を初めて聞きました。どんなものなのか、詳しく教えてください。

発達障害の子どもには不器用な子どもが多く、特に目と手を協調させて動かさないといけないような協調運動に困難をもつ場合があります。これらは「DCD」と呼ばれる発達障害のカテゴリーの１つです。

いわゆる「不器用さ」に関する発達障害

発達性協調運動症（DCD）は神経発達症群の中の運動症群に含まれる診断カテゴリーの1つです。主な症状としては、協調運動と呼ばれる全身を使ってバランスを取る必要があるような動作（例えば、ボールを投げる、自転車に乗る、など）や、視覚的情報を処理しながら身体運動をコントロールする必要がある動作（ハサミを使う、書字をする、など）に著しい遅さや不正確さがみられ、その程度が学業や生活上に支障を来たしているというものになります。

こうした運動技能の困難の原因は、知的障害など発達の遅れなどの影響だけで説明できるものや、脳性まひなどの身体障害によるものは除外されます。すなわち、明確な身体障害などがないにもかかわらず、また知的障害がある場合は発達水準から期待される程度に比して、著しく運動・動作に遅さや不正確さがある場合に診断がなされることになります。

具体的な症状は？

ＤＣＤの示す具体的な症状は発達段階によって大きく変わります。幼児期では一人歩きできるようになる月齢が遅れるという場合もありますし、箸やナイフ、フォークなどを使う、服のボタンをかけるのが困難など、日常生活で必要な技能に拙さがあるという場合もあります。年長になると、一通りの日常生活で必要な技能はできるようになるものの、自転車に乗れない、球技などのスポーツが苦手などの「不器用さ」が主な症状になります。

学習面においても、書字が遅く字形が整わない、線をまっすぐに描けないなどの鉛筆やペンをうまく使うことの苦手さや、リコーダーなどの楽器操作の困難さがある場合もあります。また授業中に姿勢を正しく保つことができず椅子から崩れ落ちてしまうなど、結果として学習面に影響することもあります。

有病率は5~8%程度と推定

アメリカの統計では有病率は5~8%とされています(DSM-5-TRより)。カナダ、スウェーデン、台湾では7~8%という結果が出ています。日本の研究では、長崎大学の岩永竜一郎先生が2022年に全国の保育施設を対象に行った調査で、1万4309人の5~6歳児のうちDCDの診断がある子どもが32名(0・2%)、診断はないが協調運動の不器用さがある子どもが680名(4・8%)いるという結果が出ています。日本では診断をするための評価ツールが開発途中ということもあり、実際に診断を受けている子どもは少ないようですが、保育士などの立場から見るとやはり20名に1人くらいの割合で該当する子どもがいるようです。

またDCDは、ADHDやLD、ASDなど他の発達障害を合併することが多く、特にADHDとの合併は約50%に上ると報告されています。さらに他の発達障害を合併する場合は、それぞれの発達障害の症状が強くなることが多いと言われており、DCDによる不器用さが課題に対する注意集中をより困難にさせるとともに、ＡＤＨＤによる注意集中の困難が不器用さをさらに強めることがあります。そのためＤＣＤとＡＤＨＤを合併する場合、ＤＡＭＰ症候群（Deficit in Attention, Motor control and Perception）という名前で呼び、より一層の支援が必要であることを強調しようという動きもあります。

ＤＣＤ児への支援

ＤＣＤが示す協調運動の問題は、子どもの自尊感情に大きく影響します。字がうまく書けない、スポーツが苦手という不器用さは、学習成績そのものとは別問題と捉えられがちですが、子どもにとっては「うまくできた！」と達成感を味わうことができなくなるため、自尊心を育んでいくことが難しくなります。そのため**ＤＣＤの不器用さを減らすための補助具を利用して、子どもが十分な達成感を味わうことができるようにすること**がとても大切です。持ちやすいようにグリップをつけた鉛筆や、紙の上を滑らないように滑り止めをつけた定規、マス目の枠線が盛り上がっていて、文字がはみ出ないように練習できるマス目シートなど、様々な補助具が開発されているため、参考にされるとよいでしょう。

「HSP」とは何ですか？

ここ最近、HSPという言葉をよく聞くようになりました。HSPは発達障害とは違うのでしょうか？

HSPという概念は最近になって急速に広まってきた新しい言葉です。一方で、発達障害との違いなどについて、SNS等で様々な話が伝わっています。

「HSP」とは何か

HSPは〝Highly Sensitive Person〟のことで、様々な刺激に対する感受性が高い気質をもった人たちのことを指し、子どもの場合は「HSC（Highly Sensitive Child）」と呼ばれます。あくまでHSPは心理学的な概念であり、医学的な診断名ではありません。しかし、HSPの人はその感受性の高さゆえに心が傷つきやすく、ある意味では生活への困難を抱えており支援が必要な人として認識されることがあります。

2019年頃から「HSP」という言葉がメディアやWEB上で話題になり始めました。

ＴＶなどのマスメディアで一斉に取り上げられ、タレントが「自分はＨＳＰだ」とＳＮＳで告白するなどが相次ぎ、ＨＳＰについて解説する自己啓発本が多数発刊されるなど、まさに「ＨＳＰブーム」と呼べるような状態になりました。

一方で、ＨＳＰの示す感覚刺激への敏感さ（感覚過敏性）は発達障害のある子ども（ＡＳＤやＡＤＨＤなど）でも認められる場合が多く、ＨＳＰと発達障害の違いや関連性については以前よりかなり議論があります。学校現場でも、教師が子どもの発達障害を疑って支援の必要性について保護者と相談したところ「発達障害ではなくＨＳＰです」「障害ではないから支援は必要ない」と言われ困っている、という話を伝え聞くようになりました。

ＷＥＢ上ではＨＳＰに関する情報が錯綜している

「ＨＳＰ」をキーワードにして検索すると、ＨＳＰの紹介記事やＨＳＰかどうかを自己チェックできる尺度などが掲載されているサイトがたくさん出てきます。多くのサイトに「ＨＳＰと発達障害は異なる」と記されていて、両者の違いをポイントで説明しています。

しかしながら、ＨＳＰと発達障害は違うと主張するサイトに掲載されている情報は、発達障害の専門家からみれば不十分な点が多く見られ、かなり古い（20年前、30年前）の発達障害に関する知識をもとに論じられていることもあります。

例えば、あるクリニックのサイトでは、発達障害、特にＡＳＤとＨＳＰの違いとして「ＡＳＤは対人関係で空気が読めない、ＨＳＰは空気を読みすぎてしまい気疲れする」と書かれています。これは１９８０年代を中心に行われた自閉症の心の理論仮説に基づいて「空気が読めない（他者の感情推測ができない）のがＡＳＤの特徴だ」としてしまっていますが、実際のところ、多くのＡＳＤの方は「空気が読めない」のではなく、むしろ他者の表情や言動から心理状態を推測しようとしており、結果的に読み間違えてしまい、そのことが対人的トラブルに発展することがほとんどです。そのため本人的には「空気を読み過ぎてしまい気疲れする」という認識になっていることが多く、自己理解レベルではＨＳＰと区別がつきません。

また他のサイトでは、「ＨＳＰは心理学的な概念であり性格などの気質、発達障害は脳機能の障害という医学的な概念」という説明に留まっており、結局のところ、どこが違うのかについては曖昧なものになっています。そのため、同じ子どもの様子を見ても、発達障害ではなくＨＳＰだと解釈することも可能であり、そのことが学校現場に大きな混乱をもたらしているといえるでしょう。

実際にＨＳＰと発達障害の関連を調べると区別がつかない

私の研究室ではＨＳＰと発達障害の関連に関する研究を行いました（菊池哲平．２０２２「ＨＳＰと発達障害は区別可能なのか？」熊本大学教育学部紀要、71巻掲載）この研究では、15歳～59歳まで計900名（男女同数）の方にＨＳＰの尺度と発達障害に関する簡易尺度（ＡＳＤとＡＤＨＤ）をつけてもらい、その結果を統計的に分析しました。

その結果、ＨＳＰ尺度で高得点を示した人は発達障害尺度でも有意に高い得点を示しました。またＨＳＰ尺度で平均より２ＳＤ（標準偏差）以上の高い得点を示した人は全員が発達障害尺度でも２ＳＤ以上の得点を示し、逆に発達障害尺度で２ＳＤ以上の得点を示したがＨＳＰ尺度は高くなかったという人は一定数いました。さらにすべての尺度について探索的因子分析を用いて分析したところ、３因子が抽出されましたがＨＳＰ独自の因子は存在せず、発達障害に関する尺度項目と混在した因子として抽出されることが確認されました。

これらの結果から、ＨＳＰは発達障害とかなり強い関連性があり、むしろ発達障害の１つの症状としてＨＳＰの高い感覚処理感受性があると考える方が妥当であると考えられます。少なくとも、ＷＥＢ上で紹介されているような自己評価式のチェックリストではＨＳＰと発達障害を鑑別することは不可能だといえるでしょう。

ＨＳＰブームの弊害

ＨＳＰという用語がブームになって以降、科学的根拠のない「ＨＳＰの治療法」を喧伝して、高額な治療費などを請求するクリニックや資格ビジネス、カルト団体が登場しており、大きな問題になっています。また学校現場でも「ＨＳＰであり発達障害ではない」として支援や配慮を拒否する保護者や本人が増え、支援を提供したくてもできずに教師が困惑してしまうことも多いようです。

研究結果から明らかなように、ＨＳＰと発達障害は明確に区別できるものではありません。そして、どちらであっても支援の方法自体は共通することがほとんどです。そう考えると、学校現場での実際の支援にあたって両者をわざわざ区別する必要もないと思います。

「自分の子どもは発達障害ではなくＨＳＰだ」という保護者と「発達障害なのかＨＳＰなのか」をやり合っても何も生まれないでしょう。**「子どもが何に困っているのか」を突き詰めて話して、**「教室内がザワザワしているのが苦痛」ということであれば、静穏な環境をつくる手立てを講じたり、必要があればイヤーマフなどの装着を許可したりする、といった**具体的な支援方法を検討していくこと**が必要です。

大切なことはＷＥＢなどの出所不明な情報に惑わされず、本人の実態に寄り添って感覚処理感受性に配慮した環境調整などの支援を提供することではないでしょうか。

合理的配慮とは何ですか？

保護者から希望があり、クラスの子どもへの合理的配慮を求められました。具体的にどんなことをすればよいのでしょうか。

障害のある児童生徒に対する「合理的配慮」は学校現場でもよく聞かれるようになりましたが、その本当の意味するところについては、まだまだ誤解が多いようです。

合理的配慮は障害者差別解消法で定められている

合理的配慮とは、様々な障害のある方々が社会生活に参加できるよう、それぞれの障害特性や困りごとに合わせて行われる配慮のことです。合理的配慮の提供は２０１６年４月に施行された障害者差別解消法（正式名称：障害を理由とする差別の解消の推進に関する法律）により定められています。当初は国及び地方公共団体に含まれる公立学校で合理的配慮の提供が法的義務になっていましたが、改正法の施行により２０２４年４月からは私立学校を含む民間事業者でも法的義務となりました。

学校現場ではまだまだ誤解が多い

２０２２年度に、私の研究室で行ったWEB調査（小・中・高校教員300名対象）によると、「合理的配慮」について「詳しい内容まで知っている・なんとなく内容を知っている」と回答した教員は公立小学校で80％、公立中学校79％だったのに対し、私立中学校では67％でした。また高等学校では公立67％、私立46％と、高校や私立学校での理解が進んでいない実状が示されました。

調査結果を言い換えれば、「名前は知っているが詳しい内容まではわからない」「知らない・よくわからない」という教員が私立中学校では33％、私立高校では過半数を超える54％もいることになり、障害のある生徒が入学した場合に円滑な合理的配慮の提供が行われないことにつながります。先述したように、２０２４年度から私立学校でも合理的配慮の提供が法的義務になっていますので、研修機会などを設けて理解・啓発を進めていくことが求められます。

合理的配慮の本当の意味

そもそも合理的配慮は国連で２００６年に採択された障害者権利条約（日本は２０１４年に批准）に盛り込まれた「reasonable accommodation」の訳です。日本語に適した用語がなかったため無理やり当てはめた感が強く、原義から考えると少しニュアンスが異なります。〝reasonable〟は「道理をわきまえた、筋の通った、穏当な、妥当な」という意味があります。派生して「手頃な価格」という意味で〝リーズナブル〟という意味に転じることもあり、カタカナ英語として日本ではそちらのニュアンスが強くなっている印象があります。一方、〝accommodation〟は「宿泊設備や予約席」という意味に加え、「適応や順応、調節」という意味があります。つまり障害のある人に対して、その人が抱える困難を解消するために調節するというニュアンスが正しく、「配慮」という言葉から連想される「障害者に対して一方的に提供する思いやり」という意味は含まれていないのです。

まとめると「reasonable accommodation」とは「適正・公正な権利保障のための調整・調節」というニュアンスで捉える方が適切だと思います。

配慮と称して課題や活動を免除するのは合理的配慮ではない

合理的配慮を提供する目的は、調整・調節を行うことで障害者の権利を保障し、インクルーシブな社会を実現することにあります。時々「合理的配慮の提供」と称して特定の学習課題を免除したり、活動に参加しなくてもよいとしたりする事例を見ますが、これは合理的配慮の提供ではありません。例えば、発達障害のために感覚過敏があり体育祭への参加が困難（応援合戦等の大きな音に耐えられないなど）という場合に「体育祭の欠席を認める」といった対応は社会参加への機会剥奪です。あくまで他の生徒と同様に体育祭に参加するために必要な配慮を提供することが第一に検討されなければなりません。

様々な手立てを講じても参加することが難しいと考えられた場合に限って、欠席したことにより不利益を生じさせないことを確認した上で免除するべきです。**合理的配慮の提供を検討する場合は、障害のある生徒の権利保障という観点を忘れない**ようにしないといけません。

どんな内容や程度が合理的配慮になりますか？

どのような内容や程度が合理的配慮になるのでしょうか？　学校や教員側に過重な負担がある場合は合理的配慮の提供を拒否することができるのでしょうか。

合理的配慮の具体的な内容は、子どもの障害の状態に応じて個別に検討していく必要があります。ここでは基本的な考え方を説明します。

学校における合理的配慮の例

学校における合理的配慮は、中教審によって「教育内容・方法」「支援体制」及び「施設・設備」の3観点に整理されています。すなわち教員の具体的な授業の内容や方法にも踏み込んで支援を検討することが求められます。例えば、聴覚障害のある児童生徒へは、聴覚障害に起因する情報不足を補うために板書や視覚的教材を活用したり、口頭以外の適切なコミュニケーションの手段を用いたりすることが考えられます。あるいは学習障害による読みの困難がある場合にはマルチメディアＤＡＩＳＹ教科書（教科書の文章が音声で読み上げられるもの）を利用するなど、それぞれの障害の状態に合わせた支援方法が検討される必要があります。

合理的配慮は「均衡を失した又は過度の負担を課さないもの」という条件がついているため、「どのくらいなら『均衡を失した』あるいは『過度の負担』に該当するのか」という質問を受けることがあります。障害の状態や合理的配慮の提供側の状況にもよりますので、一律に基準を設けることは困難ですが、そもそもの障害者差別解消法の趣旨から鑑みると、相当範囲のものが合理的配慮として認められて然るべき、と考えます。特に提供者側の業務に直接関係する内容であれば、他の人と比べて著しく有利になるものでない限り、多少の負担があっても合理的配慮として認められます。

例えば、公共交通機関の利用の場合、車椅子の利用者が無人駅で乗降する際には、駅員が無人駅まで移動して介助することが求められます。駅員を無人駅に派遣することは交通機関会社としては負担が大きいわけですが、障害のある人が他の人と同じように公共交通機関を利用するためには必要なことであり、また利用者が安全に乗降するように配慮することは交通機関会社の責務ですので、「負担がある」ことを理由に拒否することはできないのです。一方、業務と直接関係ない内容、例えば、「自宅から乗車駅まで送ってほしい」

というような訴えであれば、それは当該公共交通機関の本来の業務範囲（乗車駅から降車駅まで移動する）から外れますので「過度の負担」といえるでしょう。

学校教育であれば、学習に最適な環境を整えることや授業内での学習指導は学校と教員が行うべき業務ですので、それに関連するものは相当範囲のものが認められると考えられます。例えば、読みに困難がある児童が合理的配慮としてＤＡＩＳＹ教科書の利用を求めてきた場合、「教員が利用に慣れていないため負担が大きい」などの理由で拒否することはできないと考えるべきです。一方、本来の業務範囲に含まれていないもの（「自宅まで送迎してほしい」など）は、それに係る負担（労力や時間等）が小さいものであっても拒否できるでしょう。

いずれにせよ、合理的配慮の提供にあたっては、当事者及び保護者と提供者である学校側の間で合意形成を図ることが重要です。どのような合理的配慮が必要なのか具体的に話し合い、双方が納得した上で実施されることが求められます。**真摯に話し合いを行う中で、学校側ができることを伝えるとともに、子どもがどのような場面のどのような困難があるかの理解を深める**こともできるでしょう。そのことが合理的配慮を実りある取り組みにしていくことにもなります。

合理的配慮はまだまだ誤解が多い

前項で説明した通り、合理的配慮は本来、「（障害のある人の）権利を保障するために必要な変更・調整」を意味するのですが、学校現場ではまだまだ誤解されている部分も多く、誤解から生じているトラブルも多いようです。

●ケース①　前例がないので「合理的配慮」を提供できない

最も多いトラブルは、障害のある児童生徒（または保護者など）が合理的配慮を求めたところ「前例がない」ことを理由に拒否されるケースです。例えば、書字障害のある生徒が定期テストで解答を書くのに時間がかかるため「ＰＣ入力による解答を許可してほしい」と合理的配慮の提供を依頼したところ、学校側から「そのような配慮は前例がない」と認められないことがあります。

そもそも合理的配慮は一人ひとりの障害特性や状態に応じて、その人に合わせて毎回新しく検討されるものです。つまり「前例がない」ことが前提なのです。また、その学校では前例がない合理的配慮であっても、他校では実施したことがあるかもしれません。「前例がない」ことを理由に合理的配慮の提供を拒否することは基本的にできないと考えるべきです。

●ケース② 本人の同意がないのに一方的に「合理的配慮」を提供する

合理的配慮は本人（または保護者）と具体的な配慮内容について検討し、双方が合意してから初めて提供されるものです。〝配慮〟という訳語の失敗から「慮って配るもの」というイメージがついてしまい、本人が同意していない配慮が「合理的配慮」と称して実施される場合があるようです。

本人と合意していない配慮は、本人が実際にもつ支援ニーズとは異なることがあります。場合によっては「大きなお世話」ということもあります。配慮の提供にあたっては、どのような配慮を求めているか本人や保護者に確認するとともに、配慮の実施について丁寧に合意形成を図ることが重要です。

●ケース③ 周囲から〝特別扱い〟とみられることを懸念する

発達障害等の周囲からみて障害があることがわかりにくい人の場合、合理的配慮を提供すると「なぜあの人だけ特別扱いされるのか」と周囲から不満が生じることがあります。例えば、板書をノートに書き写すことが困難な生徒にタブレットでの黒板を撮影・記録を認めた場合、その他の生徒から「自分も撮影したい」という希望があがることが予想されます。発達障害のある生徒だけ撮影を認めて、その他の生徒には認めなかった場合、認められなかった生徒は教員に対する不信感を募らせたり、合理的配慮を認められた生徒に対する不満を拗らせたりします。

そのように周囲から特別扱いとみられることを懸念して、合理的配慮の提供をしない方がよいと考える教員もいるのですが、本来、これは合理的配慮の前提となる「基礎的環境整備」の問題です。次節で詳細に説明しますが、**基礎的環境整備とは、特定の個人に対する合理的配慮を提供する前に、あらかじめバリア（障壁）を取り除いておくこと**です。先ほどのケースでいえば、板書を撮影することが「特別扱い」に見えるのは、周囲の生徒たちも板書を書き写すことに少なからず苦労していて、自分たちにも配慮してほしいという気持ちが背景にあると思われます。

特定の生徒に対する合理的配慮の提供をする前に、まずはすべての生徒たちが書き写しやすいように板書を工夫しておくことで、「なぜあの人だけ」と周囲が感じることは少なくなるでしょう。

Q 基礎的環境整備とは何ですか？

基礎的環境整備について詳しく教えてください。基礎的環境整備にはユニバーサルデザインが重要と言われますが、ユニバーサルデザインについても教えてください。

合理的配慮の提供は、基礎的環境整備がどれだけなされているかによって変わってきます。基礎的環境整備にはユニバーサルデザインの考え方が重要になりますので、ここでは基本的な考え方を解説します。

基礎的環境整備とは

前節でも少し触れましたが、基礎的環境整備とは合理的配慮の基礎となる、あらかじめ全体に対して施しておく環境整備のことです。例えば、車椅子を利用している障害者がレストランで食事をする際、お店の入り口にある段差を乗り越えることができない状況を考えてみましょう。障害者が来店したときに、店員が段差を乗り越える手伝いをすることが合理的配慮だとすると、あらかじめ段差箇所にスロープを渡して段差を解消しておくことが基礎的環境整備に該当します。スロープがあれば合理的配慮としての店員の支援は必要なくなる（あるいは支援が少なくても大丈夫になる）ので、基礎的環境整備は合理的配慮の基礎に位置づけられるのです。

学校における基礎的環境整備として、文部科学省は次の８つの観点を示しています。

1. ネットワークの形成・連続性のある多様な学びの場の活用
2. 専門性のある指導体制の確保
3. 個別の教育支援計画や個別の指導計画の作成等による指導
4. 教材の確保
5. 施設・設備の整備
6. 専門性のある教員、支援員等の人的配置

【置かれている状況】

段差があるとレストランに入ることができない

【合理的配慮】

レストランの店員が個別に支援する

【基礎的環境整備】

スロープをつけておくと合理的配慮がなくても入店できる

7．個に応じた指導や学びの場の設定等による特別な指導
8．交流及び共同学習の推進

これら8つの観点で基礎的環境整備を整備する責任は国・都道府県・市町村の責任であると法令で示されており、そのための財政措置なども講じることが求められています。

基礎的環境整備は合理的配慮の内容にも影響する

合理的配慮は基礎的環境整備がどれだけ行われているかによって、その具体的内容が定まってきます。先ほどの例でいえば、車椅子の人が段差を乗り越えられるかどうかはスロープの有無によって変わりますが、スロープのタイプや車椅子のサイズ等によってはスロープがあっても乗り越えられない場合もあります。そのため、スロープがあっても店員による支援が必要になることもあります。しかし、もし段差がなければ車椅子を抱え上げて段差を乗り越えざるを得ませんが、スロープがあれば車椅子を押すだけでも大丈夫になるかもしれません。したがって合理的配慮の内容が変わることになります。

　基礎的環境整備と合理的配慮の関係は、下の図のように整理できます。合理的配慮の内容は個々人の状態像に応じて検討しますので、一人ひとり支援の量や内容は異なります。重要なことはともに学びを進めていくために保障すべきラインに到達するように合理的配慮を提供する必要がある、ということです。

　一方、基礎的環境整備が乏しいと、ともに学び

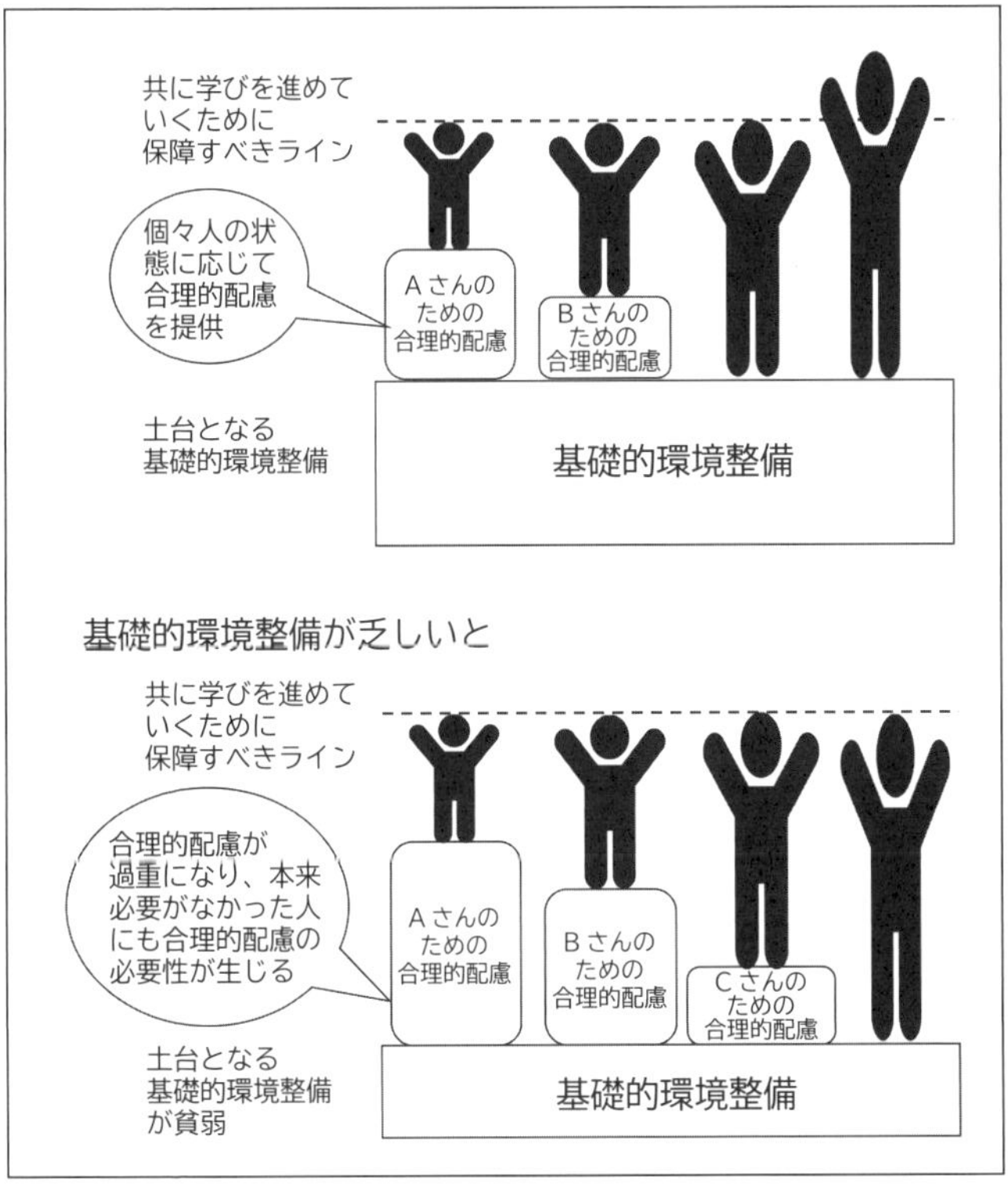

を進めていくために保障すべきラインに到達するために、合理的配慮として行う支援の量は増加します。またそれだけではなく、基礎的環境整備がしっかりと整備されていれば合理的配慮は必要なかった子どもがともに学ぶために保障すべきラインに到達しなくなり、新たに合理的配慮を必要とすることになるかもしれません。

このように合理的配慮の前提には、どれだけ基礎的環境整備が充実しているかがあることを考える必要があるのです。

基礎的環境整備としてのユニバーサルデザイン

基礎的環境整備を充実するためには、ユニバーサルデザイン（UD）の考え方が重要です。UDとは、アメリカの建築家ロナルド・メイスが提唱した理念で、「文化・言語・国籍の違いや年齢・性別・能力の差異、障害の有無などにかかわらず、出来る限り幅広い人々に適応可能な設計（デザイン）」のことを意味します。元々は建築関係の用語として様々な建物や施設などに適用されてきましたが、現在では各種の製品やサービス等にもUDの考え方を用いるようになりました。

学校教育分野についても、ＵＤの考え方はとても大切です。教室の中には様々な個性をもった子どもたちが在籍しています。そうした子どもたちが一堂に介して集団で生活をし、協働して学習を進めていくわけですから、可能な限り全員が快適に過ごすことができ、学びを深めていくことができる教室や授業のあり方が求められます。その意味で、ユニバーサルデザインの考え方は学校教育においても必要不可欠です。

もちろん教室や授業が十分にＵＤ化されてさえいれば、合理的配慮が必要なくなるわけではありません。しかし、ＵＤ化が充分でないと、支援が必要な子どもはより手厚い支援が必要になります。ＵＤ化された状況なら個別の支援は必要ないという子どもが個別支援を必要とするようになるかもしれません。

次節から、教育のＵＤについて具体的に考えていきたいと思います。

授業のユニバーサルデザインとは何ですか？

授業のユニバーサルデザインとはどのようなものなのでしょうか？　具体的に教えてください。

授業のユニバーサルデザインは、発達障害のある子どもを含めた通常学級全員の子が「わかる・できる・探究する」を追求する授業づくりです。

すべての子どもたちが「わかる・できる」を目指す取り組み

授業のユニバーサルデザイン（授業ＵＤ）とは、発達障害のある子どもを含めた通常の学級に在籍する全員の子どもたちが「わかる・できる」と実感できる授業を目指す取り組みです。教材や授業展開、指示の出し方や説明の方法を発達障害の特性を踏まえて工夫することで、可能な限りすべての児童生徒が授業に参加できるよう促し、学習目標に到達できることを目指します。

授業ＵＤは学習レベルを下げることにつながるという誤解がありますが、決してそうではありません。発達障害のある子どもでも「わかる・できる」授業を目指すというイメージから、学習につまずいている子どもでもわかるレベルにまで引き下げてしまう懸念があるようです。しかし、学習につまずいている子どものレベルに合わせることは、クラスに在籍する学習がよくできる子どもには不利益になってしまう可能性があります。そのため授業UDでは原則として学習内容のレベルを引き下げることはせず、あくまで**授業の方法論を工夫することで子どもたちが「わかる・できる」を実感できる**ように働きかけていきます。

授業UDは教科教育と特別支援教育の融合

授業UDの取り組みが日本で始まったのは、2000年代に入り、通常の学級に在籍する発達障害のある子どもに注目が集まるようになったことがきっかけです。通常の学級における一斉指導の中で、障害のある子どもが不利にならないように十分に必要な配慮がなされた授業についての提案が多数行われるようになり、スケジュールの明確化やカード類の工夫、指示の工夫など、それまでの障害児教育で取り組まれてきた数々の個別支援の方法を通常の学級における一斉指導に導入することが提案されてきました。

この時期には、授業ＵＤの紹介として「ＬＤ等の子どもには『ないと困る』支援であり、どの子どもにも『あると便利』な支援を増やすこと」と表現されることが多かったです。しかしながら、この授業ＵＤの捉え方は、前節で解説したようにマイノリティ向けの手立てを現状の授業に導入するという意味で、どちらかというとバリアフリー的な発想に近いといえます。そのためか、授業ＵＤは特別支援教育に熱心な先生には着目されていましたが、必ずしもその他の多くの先生には広まっているとはいえませんでした。

その後、２００９年に筑波大学附属小学校の桂聖先生（現・共愛学園前橋国際大学）を中心に「授業のユニバーサルデザイン研究会」が発足しました。この研究会では、それまでの「ないと困る・あると便利な手立てを増やす」という発想を超え、教材の提示方法や発問の仕方、子ども同士の相互作用を生かした授業の展開など一斉指導のあり方そのものの中にＵＤの視点を取り入れた取り組みを提唱しています。まさにバリアフリー的な発想からユニバーサルデザインの発想へと進化を遂げたといえるでしょう。

桂先生をはじめとする授業のユニバーサルデザイン研究会が提唱した授業ＵＤは、それまでとは違い、通常の学級の先生に大きな訴求力をもっていました。全国各地に授業ＵＤ

学会の支部が設立され、授業UDを学校研究のテーマに据えて実践研究に取り組む学校も増えました。授業のユニバーサルデザイン研究会は、２０１６年に「授業UD学会」となり、全国大会だけでなく各地区の支部も盛んに行われています。

なぜ桂先生たちが提唱した授業UDは急速に全国に広がったのでしょうか。１つは、それまで授業UDの取り組みとして紹介されるものの多くが、どちらかといえば特別支援教育側から提案された個別指導・支援の手立てを全体に拡充するものだったのに対し、桂先生たちの取り組みは各教科の授業そのものの「ねらい」や「教材の工夫」など、教科教育の側からの授業改善といった視点が強く、特別支援教育が専門でない先生たちにも魅力的に映ったのでしょう。また個別指導や支援の拡充は、通常の学級の担任が一人で担うには限界があります。そもそも最大で40人の子どもを相手に一斉授業をしながら、支援が必要な子どもへ（しかも複数）個別に支援を行っていくのは至難の業です。それに対して授業UDでは、まずは一斉指導を改善して個別支援の量を減らすことを目指しており、通常の学級担任の先生が一人で対応可能であることが急速に広がっていった最大の理由ではないかと思います。

授業UDの定義とは？

現在、日本授業UD学会では、授業UDのことを次のように定義しています。

特別な支援が必要な子を含めて、通常学級の全員の子が、楽しく学び合い『わかる・できる・探究する』ことを目指す授業デザイン

すべての子どもが「わかる・できる・探究する」ことが可能な授業づくりこそが授業UDである、と定義しており、以前の説明にあった「ないと困る・あると便利」といった表現は入っていません。つまり、後づけで個別支援を加えていくバリアフリー的な発想ではなく、授業をデザインする最初の段階から、通常学級に在籍する多様な子どもを念頭に置いて授業が設計されるべき、という点が明確になっているといえます。

授業UDの定義に含まれている「わかる・できる・探究する」は、当初は「わかる・できる」だけだったのですが、2021年から「探究する」を加えるようになりました。こ

れは「わかる・できる」だけだと、学習内容のレベルを下げてしまうかのような印象を与えかねず、簡単にして全員がわかる・できるように促そうとしていると誤解をされることがあったためです。先述したように、授業ＵＤでは学習内容のレベルを下げるようなことはせず、教材の提示方法や発問の仕方、あるいは授業展開などを工夫することで、発達障害をはじめとする特別な支援を必要とする子どもたちが快適に学びを進めることができるようにしていきます。その結果として、子どもたちの学習に対する意欲や関心、主体性が高まり、より深い学びへと進んでいくことが可能になります。そのため「探究する」を新たに加えるようになっています。

授業ＵＤが提唱する「三段構えの指導」とは

授業ＵＤではまず①一斉指導の工夫を行なった上で、②必要な子どもには授業内での個別の配慮、さらに③それでも学習が難しい子どもに個に特化した指導を行うという、授業改善の手順を明確にしています。これを「三段構えの指導」と呼びます。まずは一斉指導を工夫して可能な限り多くの子どもが「わかる・できる・探究する」ことができるように授業全体をデザインしていきます。この際に重要なのは、その授業目標とする教科の本質に迫るための「ねらい」を設定することと、そのねらいに子どもたちが到達するためのアクセシビリティ（誰もが平等に近づきやすくなっているか）を確保することです。そのため、この一斉指導の工夫には教科教育側からの視点が欠かせません。

一方、個別の配慮とは、一斉指導を行いながら、必要な子どもに対して声かけをしたり、指名の順番を変えたり、机間巡視の際に個別指導を行ったりすることです。個別ではありますが、あくまで全体指導の中でも可能な範囲の手立てを行います。それでも難しい子どもには授業外での個別指導として個に特化した指導を行うことになります。例えば、国語の物語文の単元に入る前に、事前に音読練習をしたり大まかな内容に

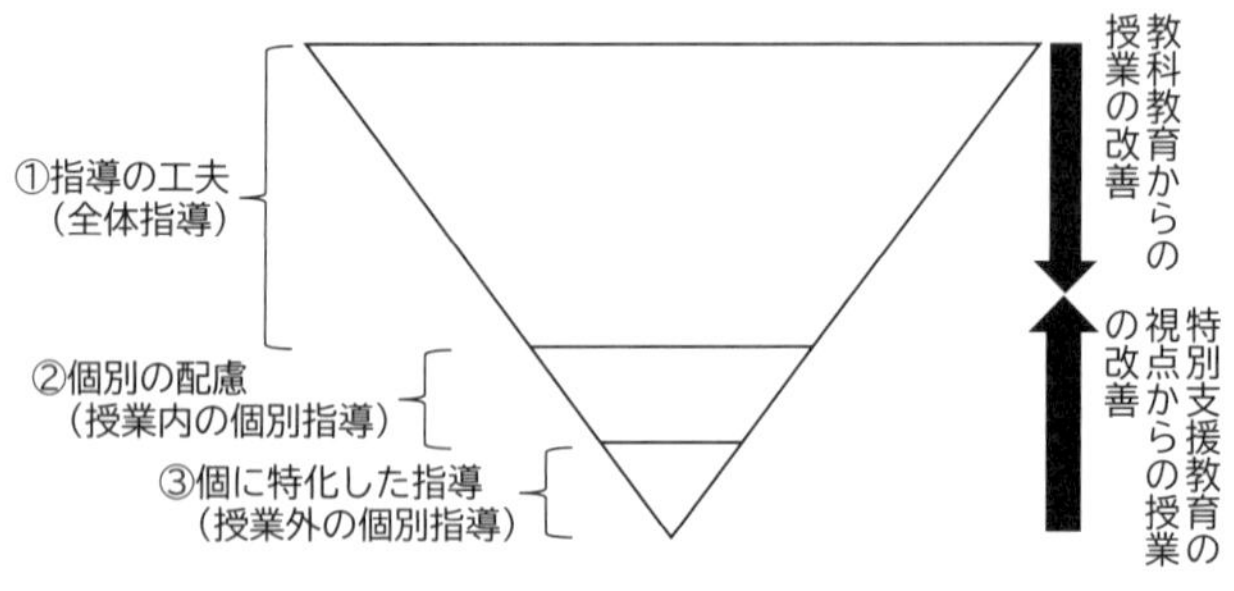

三段構えの指導

ついて把握させておいたりする先取り学習や、新出漢字や難しい表現などについて個別に指導をする補充学習などが該当します。このような個別指導は特別支援教育側の視点からアプローチしていくことになります。もちろん、担任教員だけで対応するのが難しい場合もありますので、通級指導教室の利用や支援員の補助なども活用していきます。

このニ段構えの指導は、授業ＵＤが基礎的環境整備として果たす役割を明確にしているといえます。まず全体に対する一斉指導を改善することは、合理的配慮の前提となる基礎的環境整備にあたります。基礎的環境整備が充実していなければ、合理的配慮を必要とする子どもや配慮の量自体も増えることを説明しました。授業ＵＤではその考え方に則り、まずは一斉指導の方法を改善することで、学習のつまずきなどの困難を示す子どもを減らしていきます。ただし、一斉指導の改善だけですべての子どもの支援ニーズが充足できるわけではありませんので、支援の必要性がある子どもには授業内外で個別支援を与えていきます。なお、この場合の個別支援は教員側が子どもの様子を見て適宜に支援していくものから、子ども自身の訴えや保護者からの要望などによって行われるものまで幅広く捉えています。疾病や障害に基づく個別のニーズに対して当事者との間で合意形成をした上で行われる「合理的配慮」とは異なるということも理解しておいてください。

授業UDの具体的な手立てを教えてください

授業UDが大切であることがわかりました。具体的には、授業の中でどんなことをすればよいのでしょうか。

授業のユニバーサルデザインには、決まった方法や手立てがあるわけではありません。ここでは授業UDの代表的な手立てを紹介します。

授業UDは「教育の哲学」であり、特定の技法や手立てを示すものではない

まず初めに断っておくのですが、授業UDは、あくまで授業づくりにおける考え方であり、特定の技法や手立てを示すものではありません。これまでもかなり多くの「〇〇メソッド」「××式授業」といった特定の方法論を用いた授業づくりが流行することがありましたので、授業UDもそうした方法論の1つと思われやすいのですが、先述したように授業UDはすべての子どもが「わかる・できる・探究する」を目指す授業づくりのことです。

したがって「この手立てを用いている授業が授業UDである」「あの手立てを授業内でし

ていないから授業ＵＤではない」といったものはありません。逆にいえば、子どもたちが「わかる・できる・探究する」ことに寄与する手立てであれば、もれなく授業ＵＤの手立てと捉えてもよいと思います。

その意味で、授業ＵＤというのは授業づくり、あるいは教育の「哲学」といえるのかもしれません。もちろん、この哲学という言葉は学問分野としての哲学という意味ではなく、物事に対する基本的な考え方や理念を指していて、英語でいえば「ポリシー」という言葉がフィットします。教師が授業をする際に、何を大事にしているのか、という基本的な理念を示しているのだと理解するとよいでしょう。

授業のＵＤモデル

授業ＵＤは「教育の哲学」であると述べましたが、それだと初学者の人にとっては何から始めてよいかがわからず途方に暮れると思いますので、授業ＵＤの取り組みの指針となる授業のＵＤモデルが提唱されています。ここでは授業における子どもの学びを〈参加〉〈理解〉〈習得〉〈活用〉の４段階の階層モデルとして捉えます。そして、それぞれの階層における学びのつまずきの原因となり得る発達障害のある子どもの代表的な特徴を左側に、それらの特徴に対してカバーするための具体的な手立てを右側にまとめています。

例えば、ＡＳＤのあるお子さんの状況理解の乏しさや見通しのなさに対する不安は授業に〈参加〉することを妨げてしまいます。そのため、座席配置を工夫して学習環境を整えるなどの「場の構造化」を行ったり、授業の冒頭に学習活動の順序を示して見通しを立てさせるなどの「時間の構造化」を行ったりなど、発達障害のある子どもでも授業に参加しやすくするための工夫を導入していきます。また、授業に参加することと自体は問題ないものの、認知面での偏り（情報処理の仕方の違い）などによって、他

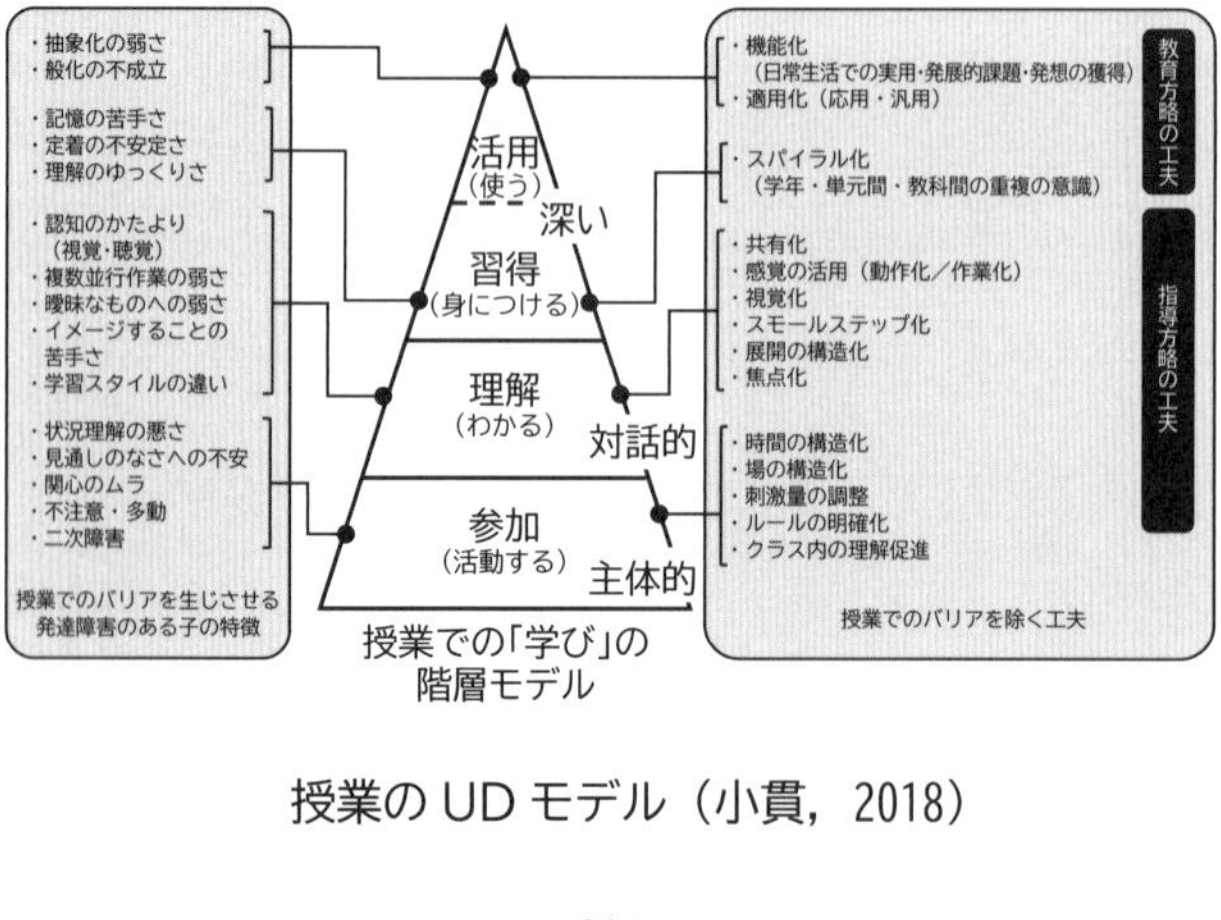

授業のUDモデル（小貫，2018）

の子どもと同じように学習を進めることが難しい子どもには〈理解〉を促すための手立てとして「視覚化」や「共有化」「焦点化」などの手立てを行っていきます。

繰り返しますが、これらの手立てを行うことが授業ＵＤなのではなく、授業づくりの改善の一例を示していると考えてください。また、同じ工夫であっても具体的な方法は学年やクラスの状況によって変わってきます。子どもたちの様子を見定めて、どのような手立てがあるとすべての子どもが授業に参加しやすく、理解しやすくなるかを追究していくことが大切です。

授業ＵＤの手立て①
視覚化

授業ＵＤの実践でよく用いられる手立てとして代表的なものに「視覚化」があります。これは学習内容を理解しやすくなるように、授業に視覚的な情報を増やす手立てのことです。一般的に、授業は担任教師の口頭による指示や説明によって成り立っていることが多く、聴覚的な情報処理が苦手な子どもにとっては理解しにくい面があります。そこで教師の指示や説明に写真や図などの視覚的刺激を加えたり、ベン図やチャートなどの視覚的に概念を捉えられたりするような工夫を導入することで、子どもが聴覚情報だけでなく視覚情報も活用して理解できるように促していきます。

例えば、中学校1学年数学の「正負の数の乗法」に関する授業で「なぜ負の数×負の数の答が正の数になるのか」を理解する場合、聴覚情報処理に困難がある生徒が口頭による説明だけで理解するのは難しいでしょう。視覚的に理解できるよう、数直線を提示して視覚的に正と負という方向を示しながら数の関係性をつかませることが必要になります。このように聴覚情報だけでなく視覚情報を多く取り入れることで、授業をよりヴィジュアルなものにしていくことが「視覚化」の手立てです。

授業UDの手立て②
共有化

授業UDの実践では子どもが自らの考えを教師や他の子どもと伝え合って考えを深める活動を積極的に導入します。こうした手立てのことを「共有化」と呼びます。ペアトークやグループ討議などがよく行われますが、教師を中心としてクラス全体で意見交換をするような場合も含まれます。発達障害のある子どもの中には特定の考え方に固執し、自ら考えの間違いに気づかずに学習を進めてしまうケースがあります。共有化の機会を積極的に取り入れることで、子どもが自らの考え方を客観視して修正できるように働きかけます。

ただし、発達障害のある子どもはペアトークやグループ討議などを苦手とすることが多く、特に自らの考えを言語化すること自体が困難な場合があります。そのため共有化を行う場合は、苦手な子どもでも意見を表明しやすいようにペアトークやグループ討議のルールを明確に定めたり、自分の考えの言語化が促されたりする支援が必要になります。また間違いが許容できる雰囲気がクラスに醸成されていなければ、共有化の手立てを導入することはむしろ円滑な学習を妨げることになりかねません。「間違っていてもよい、伝えることが大切」であると、子どもたちに丁寧に伝えていくことが重要です。

授業ＵＤの手立て③

焦点化

「焦点化」とは、学習のねらいを定めて明示的な指導をするために授業のねらいや活動を絞りシンプルな構成にすることです。授業に様々なねらいや活動を入れ過ぎると、子どもたちにとっては次々と学習活動が変化するため授業についていくのに懸命になり、一見すると子どもたちが主体的に学習に取り組んでいるように見えます。しかし、そのような忙しい授業だと学習内容を深く理解できず、表面上理解しているだけで定着しないことが多いです。

特に発達障害や学習へのつまずきがある子どもは、「この授業で何を学習するのか」があやふやな焦点化されていない授業では、とにかく提示された課題をこなしたり、よくわからないまま次の学習に進まざるを得ないことがあります。授業に様々な要素をたくさん詰め過ぎると、このような曖昧な授業になりがちです。

授業を焦点化するための第1のポイントは、授業展開をシンプルにすることです。まず授業のねらいが達成できる「山場」を考えます。その山場に向かって歩き始めることが導入になるように構成します。このとき、山場が授業の最後の方に来ると途中で脱落する生徒が多くなるので、山場は授業の中盤くらいに設定する方がよいと思います。

例えば、中学校1学年の数学「方程式」の単元で「等式の性質」を学ぶ授業回では、等式の性質をまとめる場面が山場になるでしょう。その場面が授業の中盤に来るように逆算して導入を考えることが必要です。例題を自分たちで考えるなど導入を工夫し過ぎたり前時の復習などを丁寧にやり過ぎたりしてしまうと、本来の授業のねらいである「等式の性質」とは何かを考える時間が短くなってしまいます。

　さらに授業UDでは、子どもが学習のねらいに向かっていけるように教材に「しかけ」をつくることが多いです。「しかけ」とは、教材をそのまま使うのではなく、教材を目の前にして工夫を施してあえて不安定な教材にすることです。子どもたちは不安定な教材に「あれ、おかしいな」と気づき、より深い学びに向かいます。例えば、先述した「等式の性質」について、あえて本来は成立しない性質（ダミー）を入れた説明資料を渡します。「左辺にかけた数と同じ数を右辺で割っても等式は成り立つ」のような「0」か「1」の場合のみ成立するものを提示して「1の場合は成立するよね？」と、生徒が〝なぜ間違いなのか〟を考えるようにしかけることで、「等式の性質」を深く学ぶように促すのです。「等式の性質」を深く理解することが、その後に続く「方程式の解法」で等式の性質を活用するよさを理解することにつながります。

　小学校中学校を問わず、日本の教科書はとてもよくできているので、つい教科書を読むだけで理解したような気になってしまう子どもが多いと思います。問題の解き方や考え方が簡潔に記されているので、わかったつもりになってしまう子どももいるのです。ちょっとしたしかけをつくることで、子どもが考えを深める機会を取り入れることが可能です。

授業UDとUDLはどこが違うのですか?

「UDL」というものを研修で聞きました。これは「授業UD」と同じことを指しているのでしょうか。

UDLはアメリカで進められてきた取り組みで、近年、日本でも実践が進んできています。ここでは授業UDとUDLの違いについて解説します。

UDLはアメリカ発祥のユニバーサルデザインの形

UDL(Universal Design for Learning:学びのユニバーサルデザイン)は1990年代からアメリカにて進められてきた取り組みで、通常の学級で学ぶすべての子どもたちが、一般的なカリキュラムにアクセスできるように、子どもの学びをユニバーサルデザインの視点で再考することを目指すものです。

UDLと授業UDは混同されやすく、両者の違いについてもあまり知られていません。授業UDが日本の伝統的な授業スタイルを前提にしているのに対し、UDLはアメリカの教育システムを前提にしています。そのため、どうやってUDを実現するかの具体的な方法論には違いが見られます。

UDLの特徴
授業にオプション（選択肢）を提供する

UDLでは、子どもたちが学習の内容にアクセスし、理解するために様々なオプションが提供されます。UDLガイドラインから例を示すと、UDLでは「提示（理解）のための多様な方法を提供する」ために「知覚するためのオプションを提供すること」が求められます。具体的には「聴覚情報を代替の方法でも提供」したり、「視覚情報を代替の方法でも提供」したりします。もし読字に困難のある子どもがいたら、テキストを音声で聞いて理解できるように音声ファイルの提供や読み上げソフトの利用が許可されます。聴覚障害や音声による情報処理が苦手な子どもには、手話による説明を加える、または教師の口頭説明を文章にして渡すなど、代替方法を準備します。

授業UDとUDLの違い

授業UDとUDLの違いは、授業UDの手立てが教師側の視点でまとめられているのに対し、UDLは子ども側の視点でまとめられている、といわれることがあります。確かにそのように捉えることも可能なのですが、両者の違いはそれだけではなく、具体的なユニバーサルデザインの方法にあります。

授業UDは、教師がより多様な子どもを包摂可能な授業の方法を検討することで、すべての子どもが「わかる・できる」を実感する最適な1つの解決方法（One Size Fits All）を目指しています。一方、UDLはすべての子どもが理解できる1つの方法はあり得ないと考えます。そこで授業内にオプションをつくり、子ども自らが自身にあったオプションを選択することで「わかる・できる」を目指します。すなわち、授業UDがデザイン（設計）を改善してUDを達成しようとしているデザイン志向型であるのに対し、UDLはオプションを加えることでUDを達成するオプション志向型である、といえます。

このような違いが生じたのは、アメリカと日本の教育システムだけでなく、多様性に対する捉え方の違いが背景にあると思います。日本は同一性・均質性に対する意識が強いため、全員が同じ方法で学びながらも多様性を包摂しようとしたのに対し、個人主義的な考え方が強いアメリカでは、一人ひとりが違う方法で学ぶことに抵抗がないため、自分が得意な方法を選択する形式をとったのだと思います。

授業ＵＤとＵＤＬは対立するものではない

「授業ＵＤとＵＤＬはどちらが効果的なのですか」と尋ねられることがよくあります。確かに具体的なＵＤ化へのアプローチ方法が異なるため、上述したように「個別最適な学び」と「協働的な学び」との相性のよさという点では違いがあります。

しかし、「個別最適な学びと協働的な学びの一体的充実」が目指されている現在、両者は対立するものではなく補完し合うものとして、両者のアプローチを統合していくことが望ましいと思います。

インクルーシブな授業や学級とはどんなものですか？

インクルーシブ教育が学校で求められているということですが、インクルーシブな学級ができれば特別支援教育は必要なくなるのでしょうか？

インクルーシブな授業や学級と言っても、どのような授業や学級を目指していくのでしょうか。ここでは目指すべきインクルーシブな学級の姿を考えていきたいと思います。

多様性を包容して「ともに学ぶ」ことができる授業や学級づくり

「特別支援教育」というと、どうしても発達障害のある子どもへの教育というイメージがあるかもしれません。しかし特別な支援ニーズのある子どもは発達障害児に限りません。ここまでで述べたように、不安やうつなど情緒的な問題のある子や家庭環境に困難のある子も特別支援教育の対象です。またギフテッドと呼ばれる特定分野に特異な才能のある子どもについても、通常の教育課程ではそのニーズに対応できないという点で特別な教育的ニーズを抱えています。通常の学級には発達障害だけでなく、様々な子どもたちが在籍しているのです。

一方、2022年9月に国連の障害者権利委員会は日本に対して「障害児を分離する特別支援教育を中止するよう」勧告しました。この勧告は障害者権利条約を批准した国の履行状況に関する審査結果を受けてのものですが、条約批准後も特別支援学級や特別支援学校の在籍率が増加し続けている日本の状況を鑑みて〝インクルーシブが進んでいない（むしろ後退している）〟と判断したものと思われます。特別支援学級や特別支援学校の増加は、以前に比べ本人や保護者の特別支援学級・学校に対する抵抗感や忌避感がなくなり、「より質の高い支援を受けたい」という気持ちの表れということもできます。その意味では「障害」に対する差別的偏見が薄れてきていると評価することもできますが、やはり根本的な理由には、現在の通常の学級では十分な支援を受けることができないという実状があります。

これからの通常の学級のあり方として、より「インクルーシブな通常の学級」を如何に実現するかが喫緊の課題の1つであり、そのために通常の学級のあり方をユニバーサルデザインの視点から見直していくことが必要です。クラスに在籍する児童生徒が多様化する中、通常の学級の支援リソースには限りがあるため、一人ひとりのニーズに個別に対応していくことはできません。まずは日常の授業づくりや学級経営をUDの視点から見直して、必要な場合には合理的配慮を遅滞なく提供をし、多様なニーズを包摂していくことを目指さなければなりません。それにより誰一人取り残すことなく、クラス全員の子どもが安心して学びを進めることができる「インクルーシブ学級」の実現を目指していくことが求められています。

インクルーシブ学級とインクルーシブ教育システム

では、インクルーシブ学級が実現すれば、特別支援学級や特別支援学校、あるいは通級による指導は必要なくなるのでしょうか？　そうではありません。もともと特別支援学級や支援学校、あるいは通級は、障害に応じた特別な教育課程を組むことが可能で、すなわち個々の子どもに必要な学習内容を指導するために設置されています。例えば、視覚障害のある子どもに白杖を用いた歩行や点字の学習などは、将来の自立した生活のために必要なスキルであり、盲学校の中でも自立活動の1つとして行われています。たとえインクルーシブ学級が実現してもカリキュラムの中に白杖歩行訓練を取り入れることは困難です。

また、集団の中にいると学習を進めることができない、というケースもあります。対人不安が強く、どうしても教室の中に入ることができないという場合、特別支援学級や通級などが学習保障をする大切な学びの場なのです。

文科省は「インクルーシブ教育システム」と呼んでいますが、通常の学級のインクルージョンを進めながらも、ケースによっては特別な教育の場を保障することを〝部分インクルージョン〟と呼びます。一方、すべての児童生徒が同じクラスで学ぶ体制のことを〝フル・インクルージョン〟と呼び、国際的には唯一イタリアのみがフル・インクルージョンを実現しています。日本を始めアメリカやイギリス、福祉先進国といわれる北欧諸国やイエナ・プランで有名なオランダも〝部分インクルージョン〟の体制であり、「ともに学ぶ」ことと「個々のニーズに合った教育を保障する」こととのバランスを取ろうとしています。

大切なことは、現在の通常の学級が十分にインクルーシブなものになっていないので、とてもしんどい思いをしたり、そこから弾き出されたりしてしまっている子どもが多いということです。インクルーシブな通常の学級を実現することは、そうした子どもたちが安心して学校に入れる学びの場をつくるということであり、これからの学校教育には不可欠であると思います。

Q 「令和の日本型学校教育」と関係はあるのですか？

「令和の日本型学校教育」が打ち出されていますが、インクルーシブ学級を目指すこととどのような関係があるのでしょうか。

「令和の日本型学校教育」では『個別最適な学びと協働的な学びの一体的充実』が図られています。ここでは授業UDやUDLとの関連を解説します。

「個別最適な学び」と「協働的な学び」の一体的充実

中教審は「令和の日本型学校教育」として『個別最適な学び』と『協働的な学び』の一体的充実」を打ち出しています。ＡＩやロボティックスなど先端技術の高度化や、災害の多発やコロナ禍など予測困難な時代を踏まえ、持続可能な社会の担い手を育むことをねらいに、子どもたちの学びのカタチは大きく変わろうとしています。

「個別最適な学び」とは、教師側の視点から捉えた「個に応じた指導」を学習者側から言い表した言葉であるとされます。これまでの学校教育でも「個に応じた指導」として個々人の学習経験や発達状況、興味関心に応じて教材を工夫したり課題を調整したりすることは行われてきましたが、これからの学校教育では重要性がより一層増していきます。一時期、ビッグデータ活用などＧＩＧＡスクール構想とあわせて提案されたこともあり、ＩＣＴ活用が前提になっているかのように捉えられることもありますが、タブレットを学習に用いたら個別最適な学びが達成されるわけではありません。本来は「多様な子供たちを誰一人取り残すことのない公正に個別最適化された学び」と位置づけられ、特別な支援が必要な子どもたちも含め、一人ひとりの個性を尊重し、その人に合った学習スタイルを採ることで深い学びの実現を目指していくことと捉えるべきです。

一方、これまでの日本型学校教育で大切にしてきた、集団での学び合いを通じて学びを深めようとする「協働的な学び」についても、「個別最適な学び」と一体的に充実するように求められています。様々な相手とともに学ぶことによって、自らの視野が拡がったり新しいアイデアが生まれたりした体験は誰しもあります。一人で学ぶよりも複数人で協働的に学ぶ方が、深い学びに至りやすいのです。

インクルーシブ学級は「令和の日本型学校教育」の基盤になる

中教審は「個別最適な学び」と「協働的な学び」の一体的充実を打ち出しており、両者をともに進めていくことがこれからの学校教育の目指すべき方向であると位置づけています。この方向は、先述した「インクルーシブな通常の学級」が目指す方向といささかも異なるものではありません。むしろ、「個別最適な学び」「協働的な学び」のどちらも、インクルーシブ学級が実現していなければ、その意義はほとんどなくなると言ってよいのではないでしょうか。

「個別最適な学び」を実現するには、ユニバーサルデザインの視点が必要不可欠です。誰一人取り残すことなく、様々な特性のある子どもたちが学びを深められるよう配慮されたUD授業は、「個別最適な学び」そのものといってよいでしょう。特にUDL（学びのユニバーサルデザイン）は、子ども一人ひとりの特性に応じて様々なオプションを提供することで、自らに適した学習スタイルで学びを深めていけるよう促していきます。UDLと「個別最適な学び」は相性がよいといえます。

「協働的な学び」を実現するためにも、ユニバーサルデザインの視点は欠かせません。そもそも「協働的な学び」の意義は、多様な個性がお互いに作用し合うことにあり、学習者の多様性が失われてしまっては意味がありません。多様な特性のある子どもたちが学習に参加できるよう、充分にユニバーサルデザインの視点から配慮していく必要があるのです。特に授業ＵＤでは、子どもたちが授業に参加しやすいように環境を調整するとともに、「焦点化」「視覚化」「共有化」の手立てを用いることで、子ども同士の学び合いを通して深い学びを促していきます。授業ＵＤと「協働的な学び」は相性がよいといえるでしょう。

ＵＤＬと授業ＵＤを統合して「令和の日本型学校教育」を実現する

前項でも述べたように、ＵＤＬと授業ＵＤは対立するものではなく補完し合う取り組みです。ＵＤＬが個別最適な学びと、授業ＵＤが協働的な学びと相性がよいことを考えると、両者の取り組みを統合していくことで、令和の日本型学校教育は実現の一歩を踏み出すのではないかと思います。この点については、次の質問を踏まえて具体的に考えてみたいと思います。

Q これからのUD授業づくりはどのようなものになりますか？

授業UDも年々進化していると聞いています。これからの授業UDはどのようなものになると思われますか？

授業UDはこれまでも変化してきましたし、今後も変化していくことが予想されます。これからの日本の学校教育の中で、授業UDはどのような役割を果たすのでしょうか。

より多様性を包摂するための授業・学級づくりの枠組みとして進化する

授業UDは、ここまでで解説したように、元々は特別支援教育の分野、特に通常学級における発達障害のある子どもへの積極的な対応というニーズから取り組まれてきました。しかしながら、これまでに述べてきたように通常学級における子どもの多様性はますます拡がっており、決して発達障害のある子どもだけが対象とは限らなくなっています。外国につながる児童生徒や性的マイノリティ、貧困やヤングケアラーなど、学習面や生活面での様々な配慮を必要とする子どもたちが増えていく中、授業UDもより多様な子どもたちを包摂するための枠組みとして進化していくことが求められています。

　これまでの授業ＵＤで取り組んできた各種の手立てが、より幅広い多様なニーズに対応するための手立てになることも多いです。例えば、視覚化は発達障害の子どもだけでなく外国につながる子どもたちにとっても大切な手立てとなります。また、焦点化は授業の本質的なねらいに直結するため、どの子どもたちにとっても重要であることは言うまでもありません。

　その一方で、これまでより多様なニーズに対応させるために、それぞれの手立てをさらに進化させる必要もあります。例えば、共有化をするときに、言葉による意見や考えのやり取りだけではなく、様々な表現方法で考えを伝え合えるようにすることが求められます。言葉による表現が苦手な子は、ベン図やチャートなどの思考ツールを用いて視覚的に考えをまとめ、それをタブレット等で他の子どもに伝えるようにするなど、その子どもに合った方法を用いることができるように環境を整えることが必要です。授業ＵＤの手立ても、多様な子どもを包摂できるように進化していくと思われます。

授業ＵＤとＵＤＬを統合した複線型ＵＤ授業

「令和の日本型学校教育」が目指す「個別最適な学びと協働的な学びの一体的充実」を実現するために、授業ＵＤがもつ多様な子どもたちが学びやすい授業や学級づくりの取り組みと、子ども一人ひとりがオプションを選択して学びを進めていくＵＤＬの取り組みを統合させていくことが考えられます。授業ＵＤは元々が従来の日本型一斉授業を前提にして、すべての子どもが「わかる・できる」を追求してきたこともあり、「協働的な学び」と親和性が高いです。一方、ＵＤＬは個々の子どもに最適なオプションを提供しますので、「個別最適な学び」と親和性が高いと思います。したがって、授業ＵＤとＵＤＬのアプローチを統合していくことは、「個別最適な学びと協働的な学びの一体的充実」を図っていくことに他なりません。

では、どうやって授業ＵＤとＵＤＬを統合していくのでしょうか。もちろん様々な方法が考えられると思いますが、授業ＵＤによる授業づくりをベースにして、その中にＵＤＬ的なオプションを追加していくことが考えられます。具体的には、図のように授業の導入からめあての提示までは授業ＵＤのアプローチである視覚化や焦点化を用いて行い、その後の学習の流れでは学習方略として複数のオプションを提示します。子どもは自らにあった考え方を選択して、それぞれの立場からめあての達成を目指していく、いわば「複線型」の授業という形が考えられます。

子どもは最初に選択した方略Ａの考え方で学習を進めながらも、ちょっとやりにくいと感じたら方略Ｂに変更することも可能です。そしてめあてを達成する、いわば授業の山場では、方略Ａと方略Ｂの考え方を交流させ、その後、お互いの考え方を交流させていきます。授業のまとめの箇所では、自らの特性と選択した方略がマッチしていたかを省察することで、子どもたちは自らの学びに合った学習の仕方について理解を深めていくことになります。

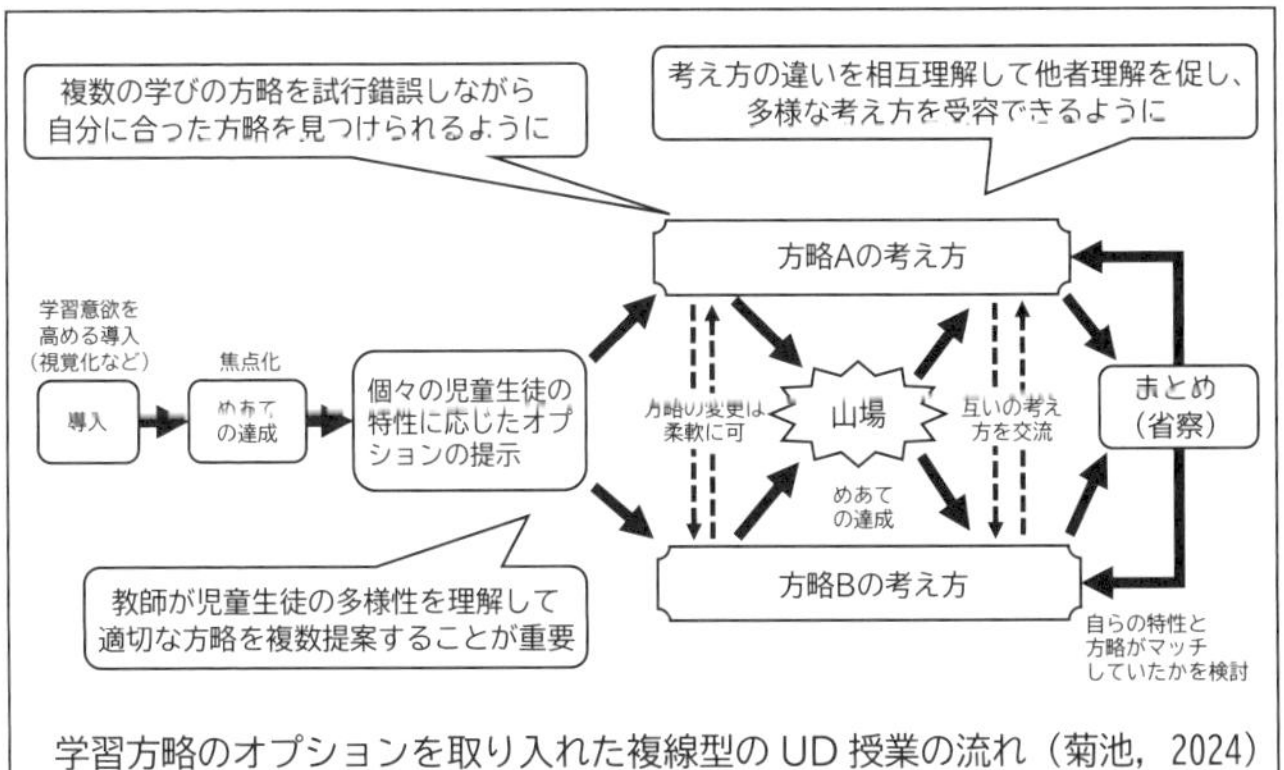

学習方略のオプションを取り入れた複線型のUD授業の流れ（菊池，2024）

例えば、漢字の学習場面を想定してみましょう。新しく学んだ漢字を覚える場合、視覚的な情報処理が得意な子は漢字の形を見ただけである程度覚えてしまうでしょうが、視覚的な処理よりも聴覚的な処理が得意な子は、見るだけでなく語呂合わせなど聴覚的な刺激を使って字形を覚える方略が覚えやすかったりします。また視覚的に強い子どもでも、細部を細かく把握するのは得意だけど全体の位置関係を捉えるのが苦手な場合は、部首ごとにパーツ分けしたものをパズルのように組み合わせて全体の字形を覚えるなど、それぞれの子どもによって最も覚えやすい学習方略があります。**教師はクラスに在籍する子どもたちの特徴を踏まえて学習方略を複数提示し、それぞれの子どもに最適な方略を選択するように促していく**のです。

複線型授業のポイントとは

この複線型授業のポイントは、教師側が児童生徒に適切な学習方略を複数提案することにあります。子どもたちは自分がどの方略が向いているかよくわからなかったり、そもそも自分に適した学習方略がある、ということすら気づいてなかったりする場合もあるでしょう。そのため、教師側から方略をいくつか提案し、その方略を実際に体験し、その方略を使ってみてどうだったかを省察することで、自らに合った学習方略を理解していくようになります。1回や2回の授業では無理ですが、何度も繰り返し行っていくことで、子どもが徐々に「自分はこういうふうに考える方が得意なんだ」と自己理解できるようになっていきます。

加えて、子どもたちが1つの方略にこだわってしまわないよう、違う方略を試してみたり、違う方略を使った子どもと意見を交流したりする機会をたくさんつくることです。自分のやり方がすべてではないことを理解することは、これからの社会に不可欠な、「D&I（多様性の受容）」につながります。中教審は「令和の日本型学校教育」の目標として「一人一人の児童生徒が、自分のよさや可能性を認識するとともに、あらゆる他者を価値のある存在として尊重し、多様な人々と協働しながら様々な社会的変化を乗り越え、豊かな人生を切り拓き、持続可能な社会の創り手となることができるよう」にすることが必要と述べています。日々の授業の中で、学習者である子どもたちが自らに最適なやり方を主体的に選択しつつ、他者が選択した違うやり方も尊重できるように教師が促していくことが、これからのUD授業づくりとして求められるのではないでしょうか。

第2章

実践編

インクルーシブな学級・授業づくり

取り組もう！

UD授業づくりとは何ですか？

UDの視点で授業をつくるとは、具体的にどのようなものなのでしょうか？

UD授業づくりとは、一斉授業をUDの視点から改善しながら、必要な子どもに対して個別の配慮を行うことで、多様な子どもの学びをサポートしていくものです。

UDの視点で一斉指導を改善しつつ、個別支援も充実させた授業づくり

第1章で紹介したように、これからの学校は多様性を包摂する「D&I」をキーワードに、これまでよりも幅の広い教育的ニーズに対応することが求められます。発達障害をはじめとする多様な教育的ニーズのある子どもたちを、どのようにインクルーシブしていくかが、これからの授業や学級づくりでは鍵になってくるのです。

具体的には、これまでに紹介した授業UDやUDLなどのUDの視点からの一斉指導の改善とあわせて、学習につまずいてしまう子どもへの丁寧な個別支援を同時に行っていく

ことです。一斉指導の改善はいわば基礎的環境整備であり、個別支援のニーズを軽減しますが、必ずしもすべての子どものニーズが満たされるとは限りません。そのため**一斉指導の改善を行うと同時に、必要な子どもへ個別にアプローチしていく**ことが求められます。

ただし、第1章で述べたように一斉指導の改善、すなわち基礎的環境整備を充実させていくことは、個々の子どもたちの力を底上げしていきますので、個別対応を減らしていくことにつながります。したがって、まずは一斉指導の工夫を行った上で、それでもつまずきが生じてしまう子どもに対して個別に対応するという順序を明確にした方がよいと思います。

まずは授業での子どものつまずきを予想する

具体例として、小学校6学年算数の「複合立体の体積の求め方」の授業を取り上げます。この授業は「角柱や円柱の体積」に関する単元の発展的課題に位置づけられる学習です。次ページ図のような直方体の一部を切り取ったような複合立体の体積を求める課題に対して、子どもたちがどのようなつまずきをしてしまう可能性が高いかをあらかじめ予測します。なお、この課題では角柱や円柱の底面積をまず計算し、高さ（かさ）を乗じることで体積を求めるという単元の流れを受けて、複合立体を２つの直方体（角柱）に分割して体積を求める方法ではなく、まず底面積を求めてから高さを乗じていっぺんに体積を求める方法を用いることが求められます。

　この課題で子どもがつまずきやすいポイントはどこでしょうか。まず、どこが底面積なのかを捉えるのが難しいという子どもがいるでしょう。教科書に描かれている複合立体の図を上手に捉えて頭の中で回転させて「面ＢＦＧＬＫＣ」が底面であることを素早く理解する子どももいますが、空間認識が弱い子どもは、紙に描かれている立体図形を読み取ることも難しいと思いますし、ましてやその図形を頭の中で回転させるのは、とてもハードルが高いと思います。

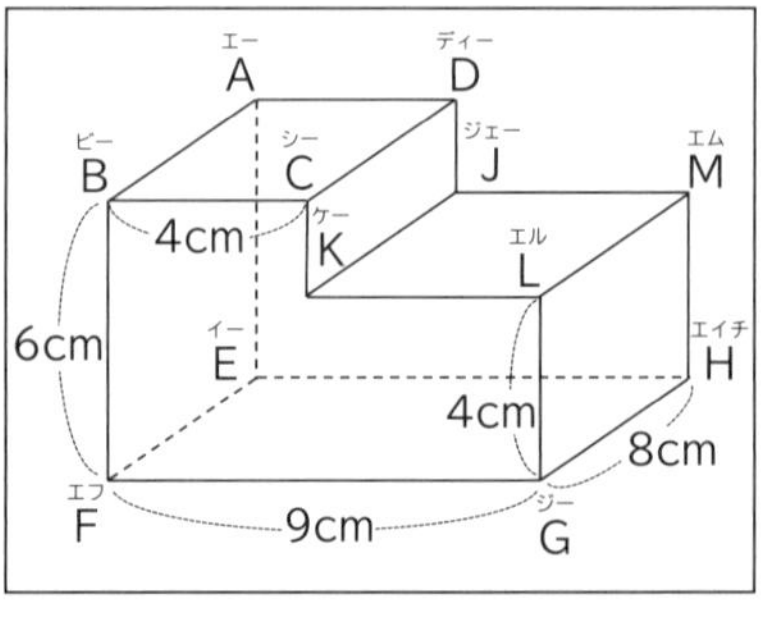

　またこの問題は同時に扱わなければならない情報が多いため、ワーキングメモリが弱い子どもは、そこで困ってしまいます。例えば、辺ＣＫの長さは明示されていないので、辺ＢＦの長さの６㎝から辺ＬＧの４㎝を引き、辺ＣＫは２㎝であることを導かなければなり

ませんが、頂点の辺の数が多いため、先生や友達の話を聞いていても、どこの話をしているかがわからなくなってしまう可能性があります。

もちろん、これらのポイント以外にも子どものつまずきは様々予想できますが、ここでは先述した2点に絞ってみましょう。子どものつまずきを予想したら、まずは一斉指導の中でどうやったらそのつまずきが生じなくて済むのか（あるいはつまずいたとしても自力で解決できるようになるか）を考えていきます。ここで授業UDの様々な手立て、例えば、視覚化や共有化などを用いて解決できないかを考えていきます。

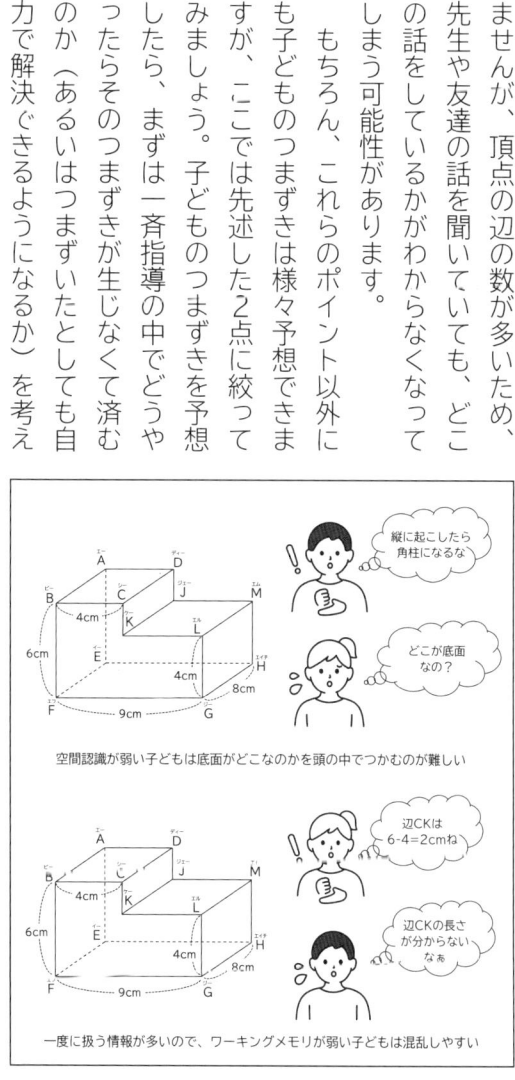

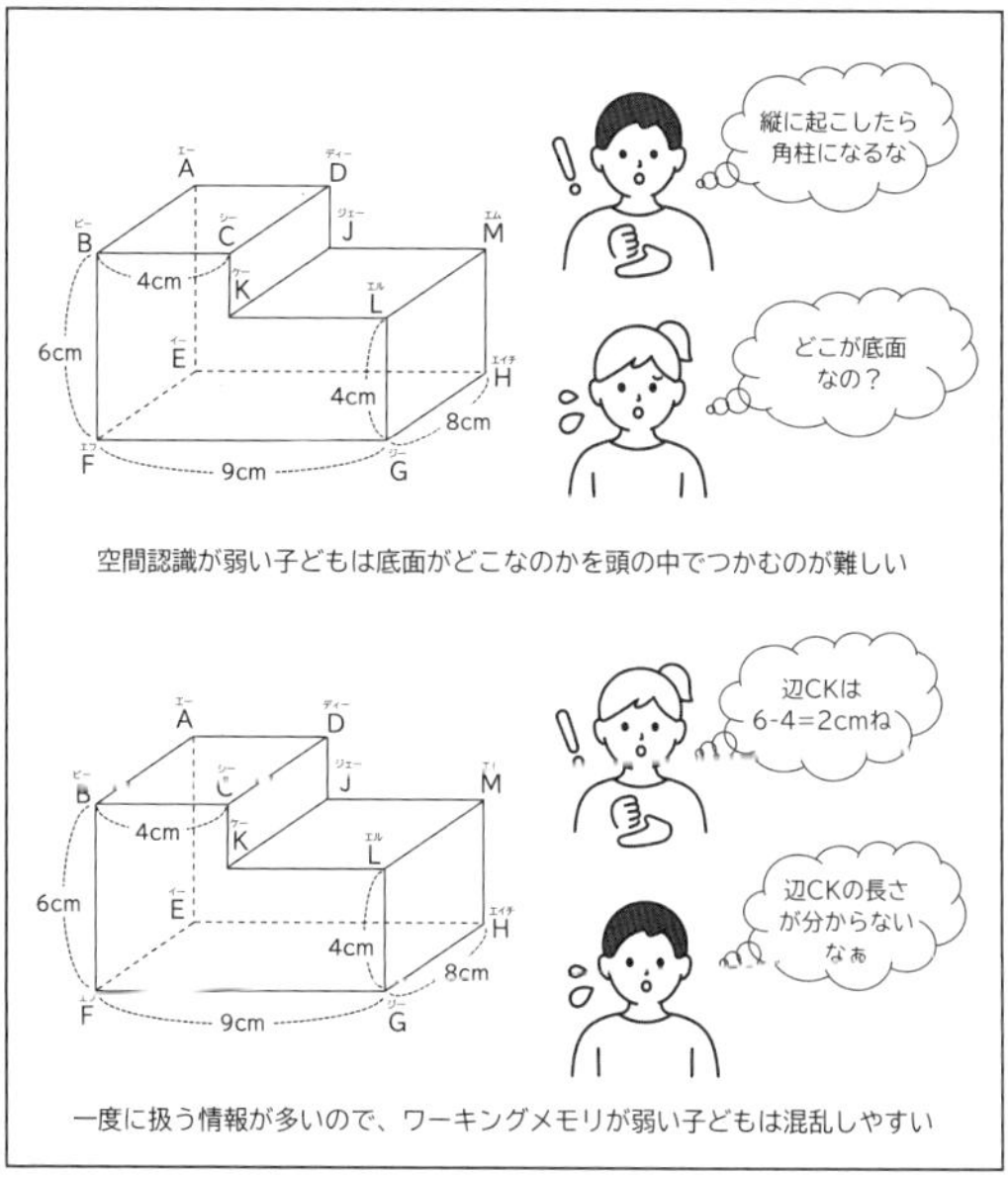
A
D
B
C
J
M
K
L
E
H
F
G
4cm
6cm
4cm
8cm
9cm
縦に起こしたら角柱になるな
どこが底面なの？
辺CKは6-4=2cmね
辺CKの長さが分からないなぁ

空間認識が弱い子どもは底面がどこなのかを頭の中でつかむのが難しい

一度に扱う情報が多いので、ワーキングメモリが弱い子どもは混乱しやすい

どこが底面かを捉えることができない子には

例えば、「底面がどこかがわからない」というつまずきにどのように対応すべきでしょうか。空間認識が弱い子どもは頭の中で図形を回転させることが難しいので、あらかじめ底面となる面を下にして示したらどうでしょうか。この場合、頭の中で回転することが苦手な子どもにはわかりやすくなりますが、そもそもこの問題のねらいである「底面積に高さを乗じることで一度に体積を求めることができる」ことのよさに気づくことができなくなります。つまり学習の本質から外れてしまいますので、このような手立てをすることは望ましくありません。

そこで複合立体の実物をつくり、それを提示することにします。空間認識が弱い子どもには自分で実物を操作すること

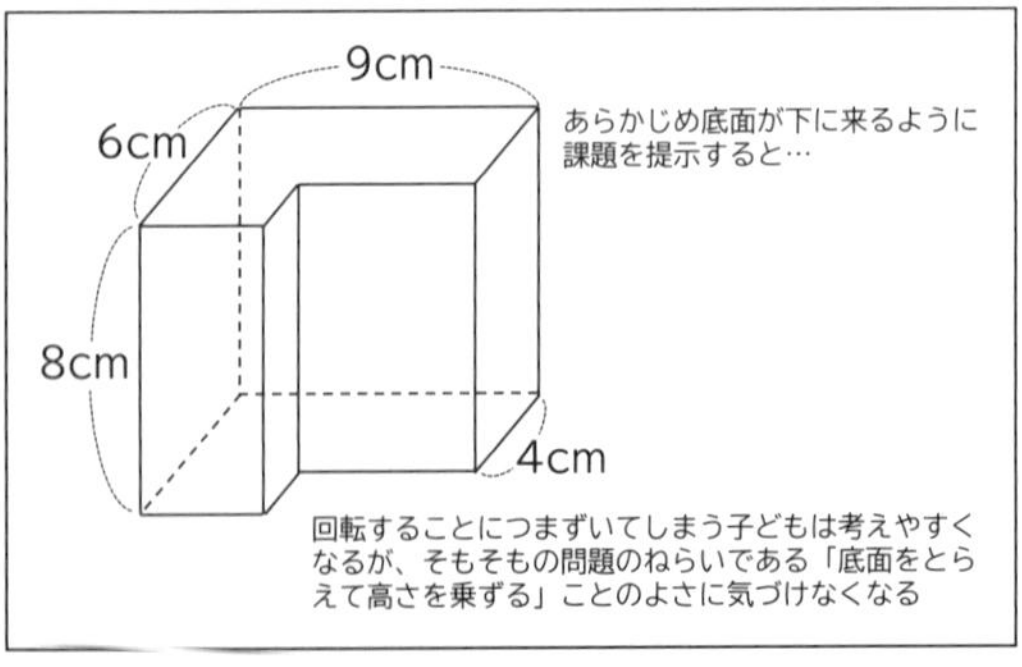
9cm
6cm
8cm
4cm
あらかじめ底面が下に来るように
課題を提示すると…
回転することにつまずいてしまう子どもは考えやすく
なるが、そもそもの問題のねらいである「底面をとら
えて高さを乗ずる」ことのよさに気づけなくなる

によって、「縦に起こしたら角柱になる」ことを見つけてもらいます。もちろん、複合立体の実物は空間認識が弱い子どもだけでなく全員に提示してもよいのですが、人数分を準備するのが難しい場合は「触りたい人は前に来て」としてもよいと思います。このように実際のものを触ったり操作したりする手立ては「動作化（作業化）」と呼ばれ、特に算数のような抽象的な概念を扱う場合には有効な手立てです。

情報が多すぎて混乱してしまう子どもには

一度に扱う辺の長さの情報が多すぎて混乱する子どもがいる場合、あえて情報を小出しにして整理していくことが考えられます。まず問題を提示する際、わざといくつかの辺の長さを隠して子どもたちに提示します。この状態で「体積を計算してごらん」と発問すると、多くの子どもから「計算できないよ！」とツッコミが入るでしょう。そこで「じゃあ、わからない辺のうち、２つだけ教えてあげるよ。どこがいいかな？」と問いかけることで、どこの長さが必要なのかを子ども同士で話し合わせます。辺ＢＣがわかれば辺ＫＬが求められ、辺ＬＧがわかれば辺ＣＫも求められるということに気づいた子どもが、その理由も含めて説明することで、子どもたちの理解を揃えながら進めていくことができます。

　このように子どもたち同士で考えを共有させる方法は「共有化」と呼ばれる授業UDの中心的な手立てになっています。共有化のポイントは、教師が単純に話し合うように指示するのではなく、いかに子どもたちが話し合いたくなるような状況をつくるかにかかっています。ここでは、辺の長さをあえて隠すという「しかけ」をつくることで、子どもたちがまるでパズルを解くように話し合いを行うように促しています。協働的な学びを促すためには、協働したくなるように教師がしかけをつくることが大切なのです。

　一方で、共有化を行う際には、いつも特定の子どもが一方的に説明して終わることがないように留意する必要があります。特に算数など得意・不得意がはっき

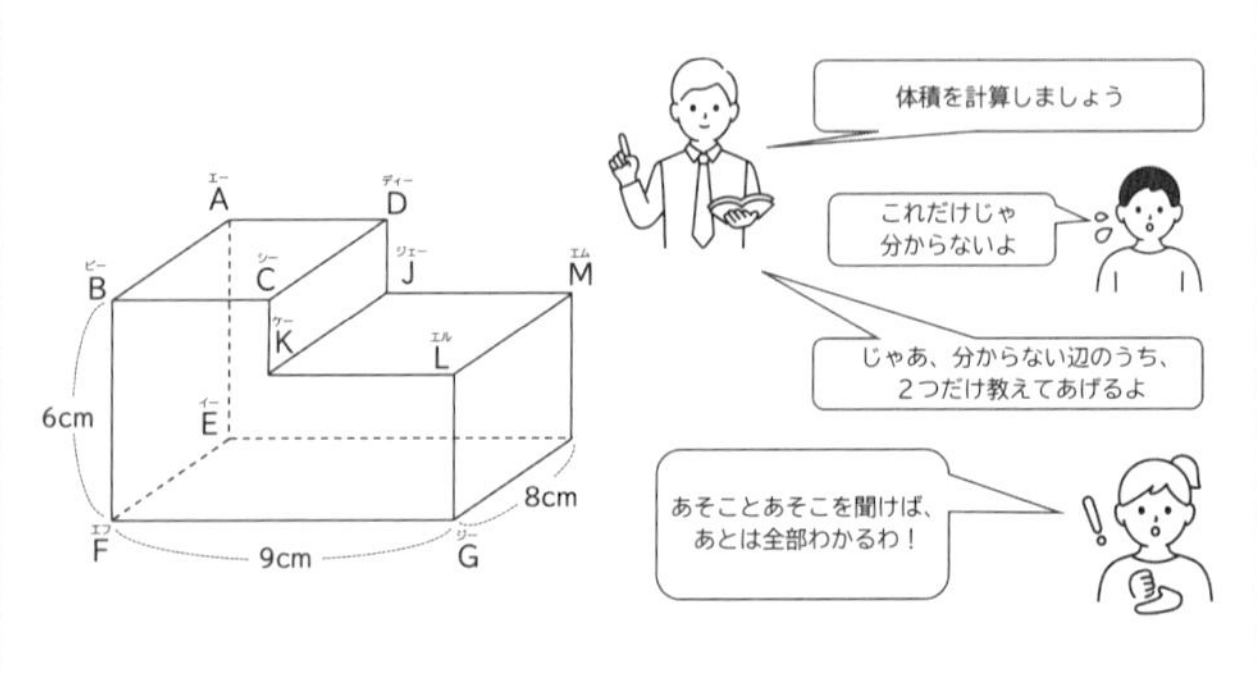

体積を計算しましょう
これだけじゃ
分からないよ
じゃあ、分からない辺のうち、
2つだけ教えてあげるよ
あそことあそこを聞けば、
あとは全部わかるわ！
A《エー》
D《ディー》
B《ビー》
C《シー》
J《ジェー》
M《エム》
K《ケー》
L《エル》
E《イー》
6cm
8cm
F《エフ》
9cm
G《ジー》

各辺の長さを求めるためのプロセスを共有化しながら確認する

りする教科では、共有化の場面でも得意な子だけが活躍して、苦手な子どもはただ聞いているだけになりやすいです。そのような状態が長く続くと、クラス内の人間関係に影響してしまうこともあります。苦手な子どもでも発言できるよう、発問の仕方を変えたり、話し合いのルールを明確化したりするなどの配慮も行う必要があります。

ＵＤ授業づくりには決まったやり方はない

ＵＤ授業づくりには特に決まった方法はなく、各教科や単元によってそのポイントは様々です。大切なことは、授業づくりの際に「つまずいてしまう子ども」のことを念頭において、学習の本質を損なわずにわかりやすくなるかを追求することです。

第２章では、教科ごとのＵＤ授業づくりの考え方のポイントや、一斉授業の中でも可能な個別の対応方法について述べています。ぜひ参考にされてください。

障害のない子どもにとっても有効ですか？

UD授業って、障害のある子どもたちに有効なのはわかりますが、障害のない子どもたちにとってはどのような意味があるのでしょうか？

特に支援が必要とされない子どもたちにとっては、UD授業はどのような意味があるのでしょうか。ここでは現職の先生に聞いてみましょう。

障害の有無に関係なく、全員にとって「あるとありがたいもの」

以前、私がUD授業について学んでいると同僚の先生に伝えたときに、「そもそもUD授業って何？」と聞かれました。私は、UD授業とは、「障害や学力に関係なく、クラスの全員が楽しく参加できる授業」と答えました。そして、「そんな授業をするために、どんなことができそうかを学んでいる」と伝えました。

では、具体的にどんなことができるのか、課題提示の場面を例に見てみましょう。

課題提示の最もシンプルな方法は、口頭で伝えることです。もちろん場面や子どもたちの実態次第では、それで十分な場合もあります。しかし、口頭での説明を終えていざ活動が始まると、話を聞くことや聞いて理解することが苦手な子どもたちが何をしていいのかわかっておらず、もう一度全員に説明し直しました。「じゃあもう一回」と再び説明して、間伸びした重い雰囲気になってしまう場面を何度も経験しました。

そんなことを繰り返すうちに、何人かの子どもたちが「わかったフリ」をすることもありました。後に聞くと、「友達に聞くと、わからないことを馬鹿にされそうだった」と話してくれました。私の「話を聞いてすべてを理解しなさいオーラ」がクラスによくない形で伝染してしまっていたのでしょう。

こんな失敗から、現時点で有効だと思うのが以下の手立てです。

・ポイントを押さえて簡潔に口頭で話す
・キーリードや流れを板書して話す
・図や写真を提示して話す
・具体物を見せながら話す
・クイズやゲームを取り入れて話す

こういった手立てを用いて、授業のねらいやゴール、活動のルール、単元や本時の見通しと計画、教師の評価するポイントなどを伝えるようにしました。少しの工夫で教師の意図が伝わり、クラス全体が迷わず動き出せることが増えていきました。また、板書にキーワードを残したり、電子黒板や子どもたちのタブレットに写真を提示しておいたりすることで、活動中いつでも確認できるようにしました。こういった手立てを取り入れるようになって、クラスの子どもたちが「短くてわかりやすい」「何をすればいいかわかりやすい」と言ってくれることも増えていきました。

今でもうまく伝わらず説明し直すことはありますが、以前のように「話を聞く」という点でクラスの雰囲気が悪くなることはなくなりました。また、授業のメインの活動に全員がスムーズに入ることができ、時間いっぱい一人ひとりが取り組めるようになり、個性豊かな考えや作品などが増えました。子どもたち同士で共有する時間をつくることで、障害や学力に関係なく互いのよさを認め合う言葉も聞こえるようになりました。

このように、**話を聞くことや聞いて理解することが苦手な子どもたちへの「個」の支援や手立てが「全体」のためにもなっていきました。**さらに、それがそれぞれのよさを発揮する時間などにつながることも増えました。UDの視点をもって授業を行うことは、障害の有無などに関係なく、子どもたち全員にとって「あるとありがたいもの」であることは間違いないといえるでしょう。

ＵＤ授業は学力が高い子どもたちにとっても「楽しい」を目指している

このようにＵＤ授業は「障害や学力にかかわらず、クラスの全員が楽しく参加できる授業」です。つまり、学力の高い子どもの「楽しい」も当然目指しています。

学力が高い子どもたちは、理解が早いので教師の手立ての範囲から自然と外してしまうことが多くありました。「正解がわかるのに言いたいことを制限される」「待つ時間が長い」「課題ができたら、困っている友達のサポートに必ず行かなければいけない」など、「楽しくなさそう」な様子を見て反省することも増えていきました。授業中に各自で課題に取り組んでいる場面を例としてみましょう。いち早く課題が終わってしまったときに、教師が次にすることを決めることで「友達が困っているのに」「自分はもっと問題を解きたいのに」先生に言われたことをしなければならない「受け身」で「やり過ごす」姿が見られました。そこで、いくつかの選択肢を設定するようになりました。

・困っている友達のサポート

・レベルの高い追加問題
・過去の問題
・答えがわかった子どもたち同士で考えを伝え合う
・タブレットの学習アプリ
これらの中から、子どもが自ら選ぶことができるようにします。黙々と追加問題を解き続ける子どももいれば、一生懸命に友達にアドバイスする子どももいます。そうするようになって、学力の高い子どもたちの姿が「やらされている」から、「自分の意志でやっている」に変わり始めました。また、課題が終わったら何をするか子どもたちと確認しておくことで、落ち着いた学習環境にもつながります。

1つの場面の例ですが、UD授業の「全員が楽しく参加できる授業」を目指す実践は、学力が高い子どもたちが「楽しく」学ぶことにも有効であるといえるでしょう。

UD授業とは、「手段」ではなく「教師のスタンス」

「障害や学力にかかわらず、全員が楽しく参加できる授業」を目指しているUD授業には、この手段さえ実践すればすべてうまくいくという答えはありません。本稿で書いた実践例も、あくまで担任した目の前の子どもたちに「楽しく」学んでもらうために考えたことの一例です。同じ場面でも、先生方によって考える手段は変わってくるでしょう。

ただ、**ＵＤ授業を学び実践している先生方に共通しているのは、「障害や学力にかかわらず、全員が楽しく参加できる授業」を実現したいという思い**です。そんな思いをもって、試行錯誤している先生の授業は、きっとすべての子どもたちにとって「楽しく」「有効」な授業に近づいていくと確信しています。

さらにＵＤ授業を実践していくことで、子どもたち自身が互いの個性を尊重し、多様性を認め合っていくことを実感しました。実践例でも書いたように、ＵＤ授業を目指すことで子どもたち一人ひとりがいきいきと活動する場面が増えました。

ＵＤ授業を通して子どもたちがそれぞれの得意を発揮できることは、障害や学力に関係なく「みんな違って、みんないい」というクラスの雰囲気づくりにも大きく関係していくのです。

国語授業のUD化について教えてください

国語でUD授業をつくるためには、具体的にどんなことができるでしょうか？

どの子も「わかる・できる・探究する」授業デザインが求められています。その中で、国語では、興味や関心をひきつける工夫など、実態に応じた手立てが重要です。

子どもの興味や関心をひきつけるための授業のUD化

学習面や行動面に困難さのある子どもたちにとって、文字言語や音声言語中心で進められる授業は、興味や関心が向きにくいということが考えられます。国語の授業では、教材に「間違い」を加えたり、一部を入れ替えたりするなど、教材の示し方に工夫を加えることでその子なりの気づきや考えを引き出す「教材のしかけ」が有効です。

例えば3年生国語の物語教材「モチモチの木」の登場人物の豆太は5才という設定になっています。「もう五つにもなったんだから、夜中に、一人でせっちんぐらい行けたっていい」という一文をあえて「もう九つにもなったんだから」と、3年生と同じ年齢に「間違って」読んでみます。作者は豆太を「豆太ほどおくびょうなやつはない」と表現していますが、間違いに気づいた子どもたちは、豆太がまだ幼い5才である設定に立ち止まるとともに、夜中に一人でせっちんに行けない子が本当に臆病なのか？　と登場人物の人となりや物語文に興味・関心を向けていくことができます。

設定場面の理解を補い「探究的な学び」へつなぐ授業のUD化

「モチモチの木」の豆太が5才という設定は、中心人物について自分の考えをもつ大切な手がかりとなります。国語科の学習指導要領3、4年の「読むこと」の内容には、「イ　登場人物の行動や気持ちなどについて、叙述を基に捉えること」「エ　登場人物の気持ちの変化や性格、情景について、場面の移り変わりと結び付けて具体的に想像すること」「カ　文章を読んで感じたことや考えたことを共有し、一人一人の感じ方などに違いがあることに気付くこと」とあります。設定を理解することは、登場人物の気持ちや性格を想像したり、感じ方の違いに気づく上での「土台」となる知識となります。

授業UDの手法として「視覚化」がありますが、目的もなくただ「見える化」するということは授業UDの本質ではありません。

ここでは、単元の導入で、物語の「設定」となる叙述を子どもたちと一緒に確認しながら板書に表していきます。豆太がじさまと生活している「とうげのりょうし小屋」や「くまが出るとうげ」など、物語の設定を捉える上で読み落としてしまいがちな大事な情報を、視覚的に補っていきます。

語彙が少ない子にとっては、「とうげ」のように、普段使い慣れない言語をイメージするための支援があると、物語の設定を深く理解でき、単元を通した探究的な学びに向かうことができます。**何を視覚化するのか、単元を見通した教材研究が授業UDの本質です。**

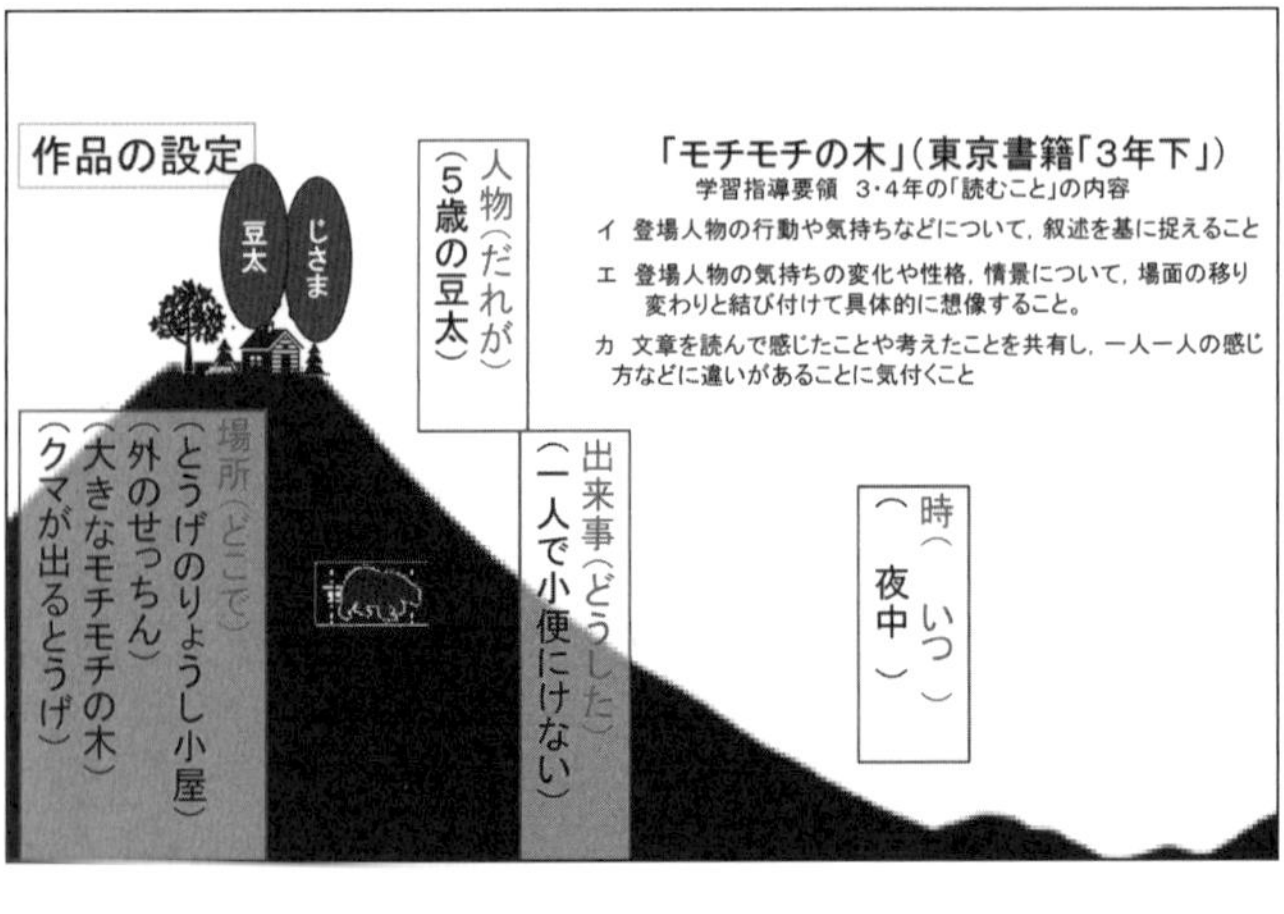
作品の設定
豆太
じさま
人物（だれが）
（5歳の豆太）
「モチモチの木」（東京書籍「3年下」）
学習指導要領　3・4年の「読むこと」の内容
イ　登場人物の行動や気持ちなどについて，叙述を基に捉えること
エ　登場人物の気持ちの変化や性格，情景について，場面の移り変わりと結び付けて具体的に想像すること。
カ　文章を読んで感じたことや考えたことを共有し，一人一人の感じ方などに違いがあることに気付くこと
場所（どこで）
（とうげのりょうし小屋）
（外のせっちん）
（大きなモチモチの木）
（クマが出るとうげ）
出来事（どうした）
（一人で小便にけない）
時（いつ）
（夜中）

心情の読み取り方に「焦点化」する

名作「大造じいさんとガン」では、叙述をもとに、中心人物の心情の変化を読み取ります。

教材文には、中心人物の気持ちを描写するいくつかの表現がありますが、イメージしにくい子にとって、何が心情を読み取る手がかりになるのかについて、丁寧な指導が必要です。

ここでは、「山場」となる場面から心情が読み取れる叙述を出し合い、会話文や地の文だけでなく「情景描写」からも中心人物の「意気込み」や「緊張感」が読み取れることをまとめていきます。

心情の読み取り方に「焦点化」して授業をシンプルにデザインすることも授業UDの工夫です。

「名作」といわれる理由はなんだろう？

㋐「さあ、いよいよ戦闘開始だ。」
↓会話

㋑東の空が真っ赤に燃えて、朝が来ました。
↓情景描写

大造じいさんが見ている風景

狩への意気込みや緊張感

㋒冷え冷えする銃身をぎゅっと握りしめました。
↓行動

【情景描写】
登場人物の気持ち（心情）が表れている風景の描写

Q 算数授業のUD化について教えてください

算数でUD授業をつくるためには、具体的にどんなことができるでしょうか？

学習障害（LD）の１つに算数障害(ディスカリキュア)があり、計算や推論が困難な症状を指します。他にも算数につまずく児童の背景は、イメージの弱さや処理能力の優位性など様々です。クラスに必ず一人はいると考えて授業をデザインすることが大切です。

どの子にも「問い」をもたせる算数授業のＵＤ化（焦点化）

算数の教科書の素晴らしいところは、見た目のよさは言うまでもなく、系統がしっかりしていて、スモールステップで理解を進めることができることです。しかし系統性ゆえに既習事項の理解の不十分さから、算数の苦手さにつながることがあります。日々の算数の授業に、どの子も問いをもつ課題提示の工夫をし、協働して課題を解決する経験の積み重ねが算数の苦手さの軽減につながります。

どの子も問いをもつためには導入が大切だと考えがちですが、授業をデザインするという観点から、学習指導要領の指導事項をもとに、この授業でどんな「まとめ」ができればよいか、どんな「振り返り」ができればよいか、逆算して導入を検討することが重要です。

　例えば、5年生の三角形の面積を公式を使って求める学習では、終末の振り返りに、「長方形や平行四辺形の面積の求め方を工夫すれば、底辺×高さ÷2で三角形の面積が求められる」と、子ども自身が振り返ることができるような授業を考えます。そのためには、長方形や平行四辺形の面積の公式を工夫した課題解決の展開があり、課題解決を方向づける「めあて」が必要になります。そこで大切にしたいのが、「めあて」につながる子どもたちの「問い」をどう引き出すかということです。ここでは、三角形の面積も、「これまで学

算数・数学の学習過程のイメージ

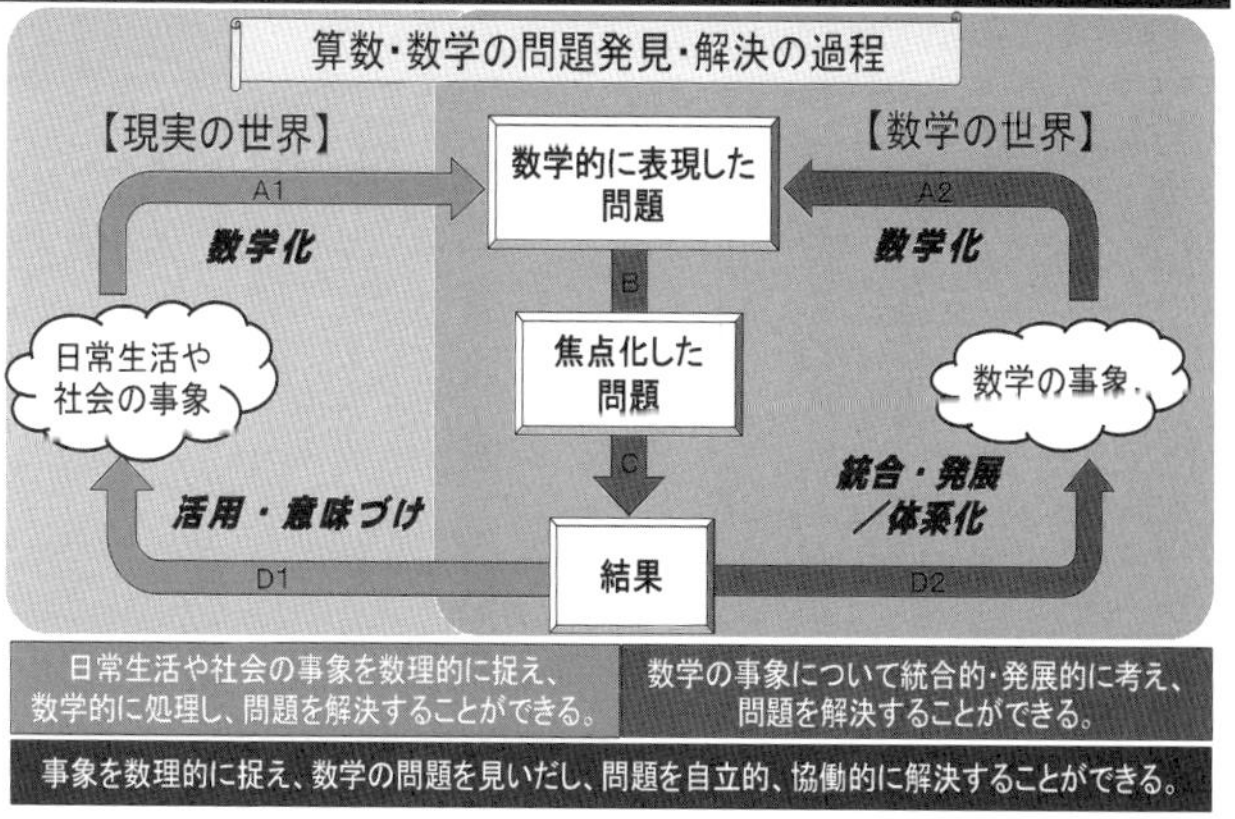

んだ面積の求め方を工夫すれば解決できないかな？」という問いが生まれると、「振り返り」までの授業の流れがシンプルにデザインされていきます。そして、「振り返り」につながるような「問い」が生まれるようにするための「導入」を考えます。

展開案を書く際は、めあての前に「予想される児童（生徒）の反応」を書きます。ここに算数の授業をユニバーサルにデザインする「問い」の価値があらわれます。図に示すような「算数・数学の問題発見・解決」を授業に具現化することが算数授業UDの重要な鍵となります。

数直線や線分図はイメージの弱さを補う視覚化された教材

算数は、式や数量、図形やデータを扱う教科と捉えがちですが、多くは「混み具合」や「平均」、「割合」といった、数学的に言語化された場面に基づいた生活場面を扱います。だから、イメージの弱さのある子にとっては視覚化された情報が必要です。

数直線や線分図などは、言語化された場面を図式に表した、いわば視覚化された「見方・考え方」を働かせるための手がかりです。丁寧に扱うことが大切です。

多様な学び方が生きる個と協働の学び

子どもたちが多様であることを前提とすれば、課題解決の方法も多様な認知特性に影響されることも前提にしておく必要があります。計算領域ではつまずきなく学習できるのに、図形領域では苦手意識が強く表れる子もいるでしょう。

研究授業で、４年生の複合図形（Ｌ字型・長靴型）の面積を求める学習をよく扱いますが、多様な考え方が出て盛り上がる一方、友達が考えた式の意味がわからないまま下を向いている子もいます。

ペアやグループで協働的に解決する過程は、認知特性から起因する「曖昧さ」を、対話を通した「明確さ」にする作業になります。個の学びから始まるのではなく、協働的な学びから始まる、展開の工夫も必要です。

音楽授業のUD化について教えてください

音楽でUD授業をつくるためには、具体的にどんなことができるでしょうか？

学年が上がるごとに「音楽の授業が嫌い」という子どもは増えていくように感じませんか。「何ができるようになるか」について、本来的な意味で捉えることと、UDの視点に立った手立てを用いることで、音楽が好きな子どもが増えていくと思います。

まずは、その音楽の授業が何を目標にしているのかを明確に

音楽の授業で子どもたちの気持ちが音楽から離れていってしまうのは、授業内容が「偏った技能」に傾倒したときです。器用に指を動かすことや、五線譜に書かれた音符を読むことなどに苦手さがある子どもたちが、ただひたすら整った音楽をつくり上げることに追い立てられるときに、行動上の問題が起きてしまうことがあります。その結果、自信をなくして音楽を嫌いになってしまうという状況に陥ってしまいます。

そもそも、整った音楽をつくり上げることは音楽の技能の目標でよいのでしょうか。U

Dの視点を取り入れた手立てを考える前に、音楽科学習における技能とは何か、明確にしておきたいと思います。

学習指導要領の目標では技能について次のように書かれています。

音楽表現を楽しむために必要な歌唱、器楽、音楽づくりの技能を身に付けるようにする（低学年）

表したい音楽表現をするために必要な歌唱、器楽、音楽づくりの技能を身に付けるようにする（中・高学年）

ここで注目したいのは、何のための技能なのかということです。学習指導要領に示されているのは、どの学年も、子どもの思いに基づいた技能であり、教師が一方的に設定した整った音楽を仕上げることではありません。つまり、教師がすべきことは、第一に表現への思いをもたせること、第二にその思いを実現させるための手立てを準備することです。**学びを子どものものにする**ということを念頭において、音楽の授業のUDについて考えていきたいと思います。

題材の導入で、子どもが学習のゴールを見据えるしかけを

先に述べた通り、音楽の授業は、単に演奏・歌唱の技能を向上させることが目標ではありません。題材ごとに何が目標なのかを明確にもつことが重要です。さらに、この目標は教師がもつことは大前提ですが、子ども自身が追求する意欲をもつことが非常に重要です。ただし、「今回の授業はこれが目標です」と教師が提示するわけにはいきません。そのような提示の仕方では、目標はいつまでも教師のものであり、子どものものにならず、主体的に学んでいくことにつながりにくいからです。そこで、題材の導入において、子ども自身が学習のゴールを見据えられるようにする手立て、つまり焦点化が必要となります。ここでは、第6学年歌唱共通教材「われは海の子」を例に、1つの手立てをご紹介したいと思います。なお、題材全体を通して、次のような目標を設定することとします。

曲想を感じ取りながら、旋律の高まりに合わせて強弱を加え表情豊かに歌う工夫をする

この曲は、歌詞が文語体であり、情景を思い描くことが難しく、歌うことに関心をもちにくかったり、音楽表現を創意工夫できなかったりすることがあります。つまり、「曲想

と歌詞の内容との関わりについて理解する」ことが大きな壁として立ちはだかるのです。

そこで、歌詞が表す情景に焦点を当てて鑑賞ができるようなしかけを行います。題材の導入として、3枚の絵を見せることから始めました。この絵は、生成AIを用いて『われは海の子』の歌詞にぴったりの絵をつくって」というプロンプトでつくったものです。

掲示したら、次のように切り出します。

今から「われは海の子」という曲を聴きます。この曲に、どの絵がぴったりだと思うか考えながら聴いてください。

曲を1回聴いた時点で自信をもって判断できる子どももいれば、確信はないけれど予想はついている子ども、そして全くわからなかったという子どももいるでしょう。しかし、多くの子どもたちに共通することがあります。それは、「もう一度聴き直したい」「歌詞を確かめたい」ということです。

このタイミングで用意していた音源データや歌詞カードをタブレット端末で配信するなどして、それぞれが自分に必要な用い方ができるようにします。視点をもつことによって必要感を感じながら、鑑賞することや歌詞を読み返すことに取り組み、情景を思い描くことができます。また、自分の考えをもつと多くの場合、話したくなるもので、歌詞について自然に友達と話し始めていきます。自分の考えをもてなかった子どもも、友達の話を聞く状況が生まれ、それをもとに自分の考えをもつことができます。

このように、提示する教材と提示の仕方によって、子ども自身が学習のゴールを見据えるきっかけをつくることができます。そして、子どもたち一人ひとりが、しかけでどんな状態になっているかを見取り、疑問を取り上げたり、似た状態の子ども同士をつないだりして協働的な学びを実現させることができます。

音楽づくりの楽譜は、図や絵、五線譜など柔軟に

音楽づくりの授業で多くの子どもたちがつまずくのが記譜です。特に、五線譜で表すことは、音楽関係の習い事をしている子どもでも難しいと感じるものです。音楽は好きだけれど、音楽の授業は嫌いという子どもたちの多くは、楽譜に関連する悩み事をもっていると感じています。

そもそも音楽づくりには「即興的に表現する活動」と「音を音楽へと構成する活動」の2種類がありますが、子どもが記譜をする必要があるのは主に後者の活動においてです。記譜をすることは、友達と作品を交流したり、元のアイデアをどのように更新したのかを確かめたりして、自分の学びを自覚することにつながります。この目的は、音楽の学習において非常に重要で、記譜は「音を音楽へと構成する活動」において欠かせません。

ここで、「学習指導要領解説音楽編」第2章内容の取扱いと指導上の配慮事項(6)ウを見てみましょう。

つくった音楽については、指導のねらいに即し、必要に応じて作品を記録させること。作品を記録する方法については、図や絵によるもの、五線譜など柔軟に指導すること。

つまり、五線譜を用いることは選択肢の1つであり、記録の方法は学習内容や子どもの実態に合わせて柔軟に設定していくものであるということです。私は、この部分は授業UDが大切にすることと一致していると思います。それは何かというと、子どもの実態を見取った教師が目標に向けて手立てを工夫するという授業づくりの考え方に他ならないからです。音符や五線譜を用いることにとらわれず、働かせた音楽的な見方・考え方が見えるような形式をとる必要があると思います。

今回紹介する楽譜は「鍵盤楽譜」と名づけたものです。この楽譜は、鍵盤ハーモニカの鍵盤をのばした形をしています。どのような仕組みになっているのか、私が4年生で実践した「発信！熊本の魅力を伝えるCMソング」という題材を例に紹介していきます。

記譜の仕方は、演奏する順に上から印をつけるというものです。この楽譜のよいところは、押した鍵盤を音名に変換することなく記譜することができる点です。演奏している鍵盤ハーモニカと同じ場所に印をつけるので、多くの子どもたちにとって記譜しやすいものになります。また、タブレット端末で配信し、書き込みが可能なアプリで開いておくと、書いたり消したりすることが容易になり、試行錯誤が促進され、より満足のいく作品をつくることができます。この楽譜は、1枚で1小節書くものですので、曲の長さに合わせて枚数を指定します。今回は8小節の曲をつくるようにしていたので、8枚の鍵盤楽譜を配信しています。

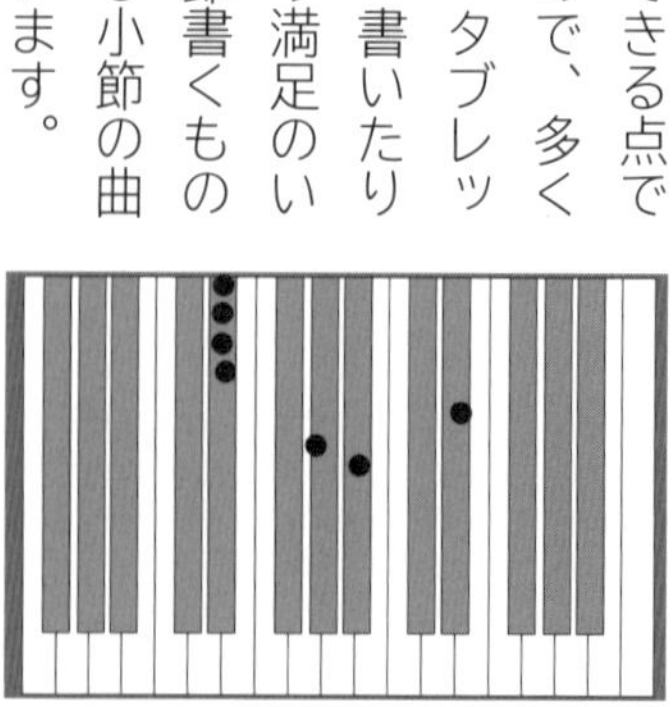

ただし、この楽譜はリズムが明確に表せません。鍵盤部分を横線で区切って拍に合わせて記譜できるようにすることも可能です。しかし、今回の題材がフレーズの反復と変化を学習することをねらっていたので、旋律の動きが見える形になっていればよいと考えて、あえてしませんでした。

　このように、学習内容に合わせて楽譜の形式を選ぶことで、どのような音楽表現にするのかに焦点を絞って音楽活動ができる状況をつくることが大切です。

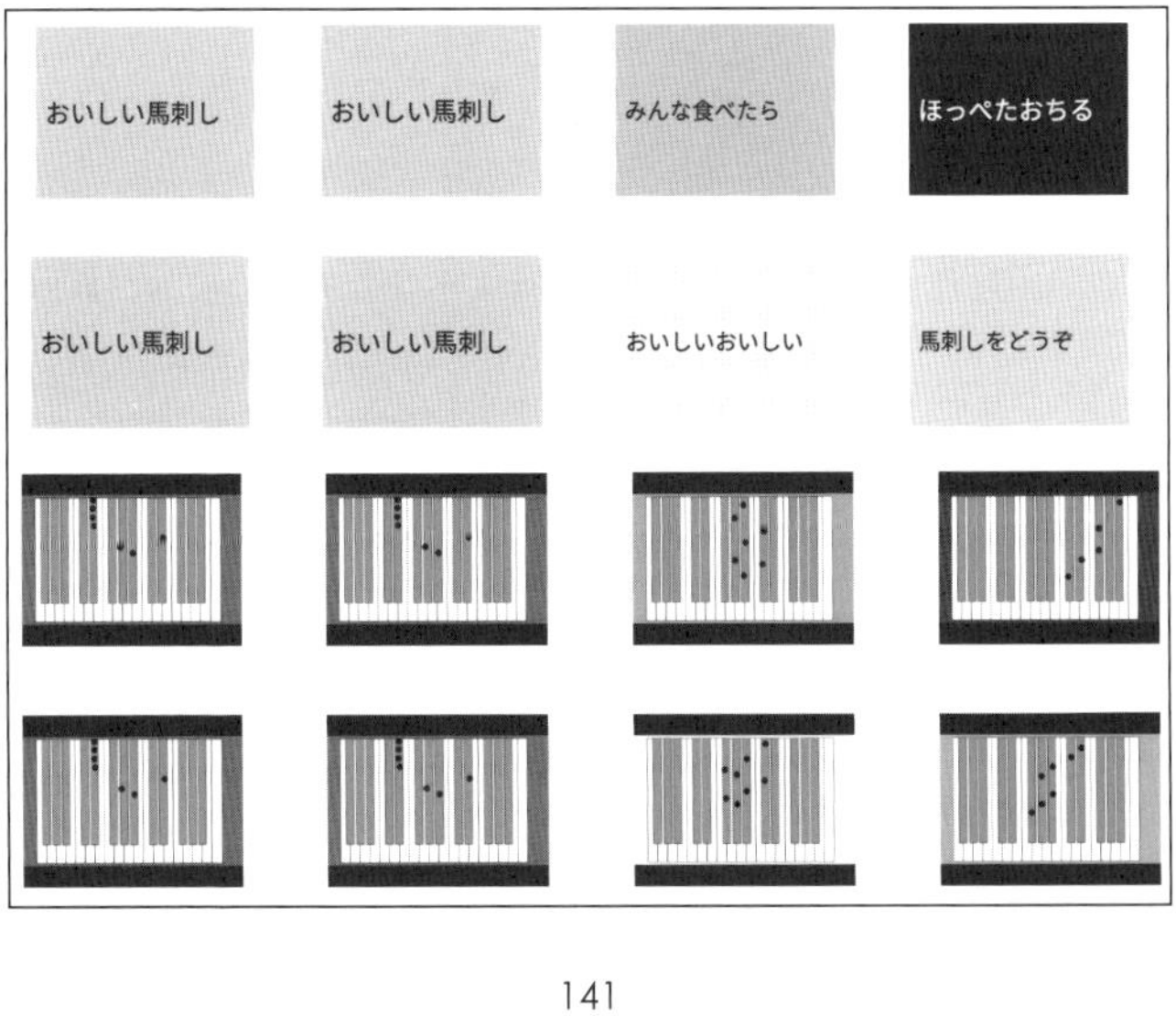

英語授業のUD化について教えてください

外国語や外国語活動でUD授業をつくるためには、具体的にどんなことができるでしょうか?

外国語（活動）の授業には、子どもにとって慣れない音声や文字を扱ったり、ときにプライベートな内容を扱ったりすることがあります。安心して学習に取り組むことができるようにするために、どのような工夫ができるでしょうか。

「苦手」や「難しい」を少し分析してみる

学習場面で「外国語、苦手そうだな」と気になる子がいたり、「この活動は多くの子にとって難しそうだ」と考えられたりする場合、少し分析的にその「苦手さ」や「難しさ」を捉えてみると、どのような支援ができそうか見いだしやすくなります。

例えば、「外国語の授業では、よく机に伏せていて、英語を声に出して言うことが苦手」だと思われる子どもがいたとしましょう。

①日本語（母語）での会話の様子はどうか。

②聞いた音（日本語でも英語でも）を同じように声に出して繰り返すことはできるか。
③一対一でやりとりするとき、全体の場面で聞いて話すときで、様子の違いがあるか。
これらのような視点をもち、授業の合間や休み時間に関わってみます。例えば、日本語で振り返りを書こうとする場面で、子どもの思いを聞いた上で「それだったら、友達と関わるのが楽しかった、と書いてみようか」と声をかけたものの、日本語の文字や語句を書く様子がたどたどしい子どもがいます。それだけでなく、「たのしかった」が「たのしった」のように、音声と文字が一致せず、抜ける場合があることに気づきました。このことから、担任と外国語専科等で情報共有し、音と文字の一致を意識しながら、短い言葉から読む活動を意識してもらいました。外国語の時間においては、個別にゆっくり発音を聞かせ、再生できたら、「できているよ！」と伝えながら、再生できた音を教師がもう一度発音して聞かせるような取り組みを行っていきました。

「外国語が苦手」「〇〇な活動が難しそう」という見取りだけでは、子どもの困っていることが何なのかをよく見いだせないままになってしまうかもしれません。あるいは、聞き慣れない曖昧な発音が苦手なのに、「子どものため」と思って繰り返し聞かせ、苦しい思いを重ねさせることになることも考えられます。**子どもの「苦手」に寄り添うときには、**

分析的な視点をもって観察してみましょう。

子どもの「おもしろそう」「興味あり」を生かす

外国語活動でも、高学年における外国語の学習でも、副教材や教科書には子どもの日常にできるだけ根ざして考えられた題材が掲載されています。UDの視点をもった授業づくりのためには、これらの題材とあわせて、「目の前にいる子どもへの理解」が大切です。

例えば、「英語の『音』が聞き慣れた日本語の『音』と異なるため、繰り返し聞いてもなかなか覚えられない」Aさんがいたとしましょう。Aさんは外国語の時間には寝ていることが多く、授業に参加することが難しいように見えます。そんな中で、教科書に掲載されている素材やよく発言する子どものアイデアを中心に授業を進めるのではなく、あえてAさんの好きなアニメのキャラクターも授業で提示するスライドの中に入れておく、Aさんの得意なゲームについても話題に加えておく等の工夫をします。そうすると、スライドを見てみようとしたり、自分にも理解や推測可能な英語があることに気づいたりできるかもしれません。さらに、そのスライドに注目する友達が他にもいることに気づいたり、同じ話題でやりとりできる教師や友達がいると感じられたりすれば、授業における安心感や動機づけが高まると考えられます。

ＩＣＴを活用し、自分で学び方を選択できるようにする

１人１台の端末が整備され、子どもがデジタル教材にアクセスできるようになったことで、その活用法を身につけると「音声を想起する」「意味と音声をつなげて理解する」「音と文字のつながりを学習する」など、様々な面で助けになると考えられます。

①デジタル教科書や教科書に記載されているＱＲコードの活用

デジタル教科書や教科書に記載されているＱＲコードを活用することで、その単元のキーフレーズを繰り返し聞くことができます。多くの教科書では、アニメーションに合わせて音声が出ますので、どのような場面で使う表現か、推測するのに役立ちます。ただし、どこにどの情報があるのか、記憶したり探し出したりすることが苦手な子どもにとっては使いづらい可能性もあるため、教師が板書やアプリケーション等を通じて活用できそうなページを示すことが必要な場合もあります。

②教師や友達の音声をイラストや文字と合わせて録音しておく

先述した①の方法では、「情報のありかを記憶する、もしくは探し出す」必要がありましたが、今回の②の方法であれば、自分が再生したいフレーズや語彙だけを録音してもらい、自分でそのデータの置き場を決めておくことができます。

例えば、ロイロノート・スクールなどの授業支援アプリケーションを活用すると、カードに音声を録音したり、画像を貼りつけたり、文字を書き込んだりすることができます。熊本の魅力を紹介する単元であれば、阿蘇山の写真を貼りつけたカードに「We have Mt. Aso. It's beautiful.」という音声を録音できます。その際、子ども自身に「どんなことを伝えたいかな?」と問いかけ、本人が本当に言いたい内容を一緒に考えたり、教えたりすることで、学習意欲を高めることもできます。自分だけのピクチャーディクショナリー(絵辞書)をつくるような活動になりますので、どの子にとっても語彙や表現に慣れ親しんだり、音声を想起したりするときに効果的な活用といえるでしょう。

「まだ」言いたくないことは言わなくてもいい

外国語の学習では高学年になると「自分の将来の夢」「一日の生活」などを題材として扱うことがあります。これからの自分の成長や将来への見通しをもったり、互いに認め合ったり励まし合ったりすることができる題材です。

一方で、自分の将来や友達との関わりの中で少し不安を感じている子の場合、緊張感が高まる題材にもなり得ます。そのような場合には「まだ言いたくないな、と思ったときには、無理に言わなくてもよい」という約束はどうですか」と学級に問いかけ、子どもの反応を確認した後、「I don't know yet.」（まだわかりません）「I'm still thinking.」（まだ考え中です）などの英語表現を学ぶ機会にすることもできます。

以前、このような取り組みをしたときには、はじめは「I have no dream.」などと話していた子どもが、８時間ほどの単元を進める中で、「この友達には安心して話せそう」という相手に「I like (a) ボカロ singer. I want to be the creator.」のように、自分の興味のあることについて話し始めたことがありました。子どもの「まだ」を大切にすることで「今なら」「この人となら」という勇気を後押ししてくれることがあるかもしれません。

学級全体をまとめるために必要なことは何ですか？

担任としては、個別の支援だけでなく全体への指導も重要だと思います。学級全体をまとめるための手立てについて教えてください。

学級全体をまとめるためには、それぞれの子どもが同じ目標に向かっていくためのしかけが必要です。ここでは「集団随伴性」という原理を用いた取り組みのポイントについて紹介します。

「集団随伴性」を用いた働きかけが有効

集団随伴性とは、ある特定の行動が集団内の代表あるいは全員の行動により強化されることを指します。例えば、リレーや駅伝のように、個々のメンバーが集団でがんばることで、チームとして優勝することができ、メダルという強化子が与えられる、という状況です。集団随伴性は学級経営や集団行動のマネジメントにおいて広く活用されています。集団随伴性を利用した働きかけをすることで、学級全体の凝集性を高めることができ、授業での協働的な学習や生活場面での助け合いを促すことができます。

集団随伴性には「依存型集団随伴性」と「非依存型集団随伴性」、そして「相互依存型集団随伴性」の3つがあります。学級での支援の場合は相互依存型集団随伴性による手立てが有効です。それぞれを通常の学級における取り組みの例を挙げながら説明します。

依存型・非依存型集団随伴性の特徴

依存型集団随伴性とは、集団内の特定のメンバーの行動によって他のメンバーがご褒美をもらえるかどうかが決まる場合をいいます。多動なAくんが授業中に離席をせずに着席し続けられたら、クラス全員がほめられる、という場合が該当します。意図的に取り入れているクラスはほとんどないと思いますが、結果として依存型集団随伴性になってしまっていることはあります。

一方、非依存型集団随伴性はグループ全員に対して同じ基準が示され、ご褒美がもらえるかどうかは個人ごとの結果によるというものです。課題プリントを早く終わらせた人から休み時間に入れる、という場合が該当します。しかし、いつも同じ人が強化子を貰えないなど、結果として個人ごとの支援が必要になる場合が多いです。

子ども同士の援助行動を促す相互依存型集団随伴性

相互依存型集団随伴性とは、グループメンバー全員が協力して基準を達成すると、全員がご褒美を得られる場合を指します。例えば給食準備に時間がかかってしまうクラスで「〇分以内に準備が終わったら昼休みが長くなる」という約束を提示し、学級全員で給食準備を早く終わらせようと協力することを求めます。

相互依存型集団随伴性の特徴は、クラス全員で目標を達成する必要があるため、目標達成が難しいメンバーに対する援助行動が出現しやすい、という点にあります。給食準備の例では、もうすぐ目標の時間が近づいて来ると「早く準備しよう」と声をかけ合ったり、準備が終わった子どもが、まだ準備が終わっていない子どもの手伝いをし始めたりと、助け合いが生じやすくなります。

この相互依存型集団随伴性を利用して、特定の子どもを教師が個別支援するのではなく、**教師も含めて学級全体で支援が必要な子どもを支援していく協力体制**をつくっていくことができれば、複数の子どもの困りごとにも寄り添うことができるでしょう。

集団随伴性を利用した具体例

ここでは集団随伴性を用いた学級全体への働きかけの具体的な例として、帰りの会前の準備場面を取り上げ、そのポイントを解説します。

Ａ先生のクラスは帰りの準備にとても時間がかかります。準備時間に、それぞれの子どもが動き回り騒がしい状態です。特に多動で落ち着きがないＢさんは途中で他のことに気がとられ、なかなか準備が終了しません。結果的に帰りの会を始めるのが遅くなってしまいます。そこでＡ先生は帰りの準備時間を５分と目標を設定し、全員が時間内に準備を完了したら、ご褒美に帰りの会にレクリエーションをすることにしました。

この場合、５分という時間設定の適切さがポイントになります。目標時間が長すぎると、特に努力しなくても達成できるため「早く準備をしよう」という気持ちが生じません。しかし、短すぎると準備が終了せずレクリエーションができないことが続きます。そうなると、レクリエーションができないことに対する不満が、準備が終わらなかった子ども（Bさん）に向かっていきます。

目標を設定するポイントは、そのクラスの大半が準備でき、一部の支援が必要な子ども（Bさん）が〝手伝ってもらったらできる〟というレベルにすることです。そうすることで早く準備ができた子が、ご褒美をもらうためにBさんの準備を手伝おうと動き始めます。Bさんも他の子どもの支援をもらいながら、ご褒美をもらうために懸命に頑張り始めます。

早く準備が終わった子どもがBさんの準備がまだ終わっていないことに気づいていても、どうやって手伝えばよいかがわからないと、動けなくなりがちです。事前に具体的な支援の仕方を教師がモデルとして示して「早く終わった人はこんなふうに手伝おう」と伝えるとよいでしょう。

また、ご褒美をもらうために、本来Bさんが行うべき準備を、「こっちがやった方が早い」とすべて他の子が代行してしまうようでは意味がありません。場合によってはルールとして「声をかけ合ったり応援するのはOKだけど、代わりにやってしまうのはダメ」と明確に示すことも必要です。

集団随伴性を用いる際の留意点

　集団随伴性の手立てを用いるとクラス全体で１つの目標を達成しようとする意識が強まるため、クラスの凝集性が高まります。一方で、なかなか目標が達成できない場合、先述したように達成できない理由を特定の子どものせいにしたり、「このクラスはダメだ」と集団への魅力を失ってしまうこともあります。必ず達成可能な目標にすることが大切です。

　また、集団随伴性を用いる際には「他のクラスよりも早く準備が終わる」のような他のクラス次第で基準が変わる目標は望ましくありません。こうした目標は子どもの競争心を無意味に煽ってしまいます。あくまで自分たちのクラスの頑張り次第で達成できる目標にしてください。

読み書き障害のある子にはどんな配慮が必要ですか？

担任している学級に、読み書きが苦手な子どもがいます。読み書き障害のある子どもへの配慮のポイントを教えてください。

読み書き障害（理論編 p32 に詳細、発達性ディスレクシア）とは、知的能力、視覚、聴覚にかかわらず文字がなかなか習得できない障害のこと。気づかれにくく、努力不足を疑われ、さらなる努力を求められる場合が多いです。

読み書きに困難のある児童を見つける

「周囲に読み書き障害の児童がいますか？」と聞くと「自分のクラスにはいない」「出会ったことがない」と答える先生が少なくありません。「苦手な子はいるが、練習しないからできないだけだ」と言われる方もいます。

「読み書き障害は、全く読めない、書けない障害」という誤解がありますが、そうではありません。練習すると少し上達もします。児童を見るとき、「読み書き障害」かもしれないという視点が必要です。以下に見逃されがちな児童の姿を挙げます。

●「読み書き困難な児童」の表面上の姿（↓見逃されがちな実態）

・スラスラ読んでいる（↓覚えた文を唱えている。初見の文で試すとたどり読みになる）
・ノートに書くことに時間がかかる（↓時間がかかるが書けるので、問題にされない）
・書き写しは綺麗にできる（↓書いた漢字を読めない。内容を理解していない）
・漢字を練習すると上達し、書けるようになる（↓数日経つと忘れてしまう）
・漢字の画の過不足、偏と旁が逆等のミスが多い（↓不注意なだけだと思われている）
・図書の時間にうろうろする（多動や衝動性のみが原因と考えられている）

●二次的な困難に陥っている「読み書き困難な児童」の姿

・練習しても成果が出にくいため、読む（書く）課題を「面倒だ」とサボる（怠学）
・成功体験が得られず自信を失う。自己肯定感が低下する（登校しぶりや不登校）
・読み書きの伴う学習を嫌い、結果的に知識の拡大に影響が出る（学習の遅れ）

読み書き困難な児童や二次的な困難に陥っている児童に気づいたら、すぐに適切な支援を開始して、学習への成功体験をもたせることが大切です。**不適応行動を取らざるを得ない児童の切なさに寄り添える教師でありたいものです。**「繰り返し読み書きする」練習をさらに強いることは、失敗体験の上書きになるのでやめましょう。

診断名がなくても支援し、効果があれば継続する

「医師による診断がないのに支援してもいいのですか？」と聞かれることがあります。教師はこれまでも様々な場面において、児童の理解を高めるために授業を改善したり、個別に配慮したりしてきました。読み書き困難のある児童についても「医師による診断が出てから支援を行う」のではなく、気になる児童がいる場合は、まずはクラス全体に支援を開始しましょう。次のような授業のユニバーサルデザイン化が有効です。

・板書をする際、教師は読み上げながら書く（学習に多感覚を利用する）
・配付するプリントのフォントを変えたり、行間を広げたりする
・国語のプリントを2段組にすると、1行が短くなり読みやすい

他にも、低学年では音韻意識を高める遊びを行ってはいかがでしょうか。言葉の文字数で手を叩くことや、しりとり遊び、「あ」のつく言葉集め、3文字の言葉集め、小さな「っ」がある言葉集め等、楽しく基礎的なトレーニングに取り組めたらいいですね。

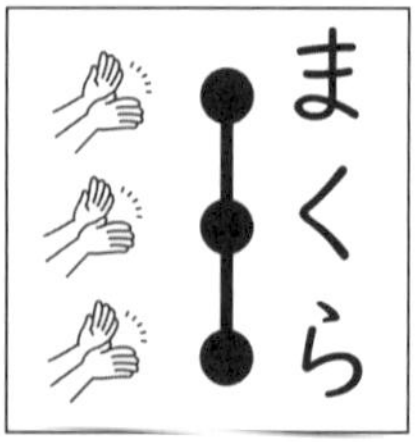

高学年では、漢字の覚え方や作文の書き方についてグループで話し合い、様々な方法をクラス全体で共有し、覚えやすい方法、書きやすい方法が人によって違うことを知る自己理解、自己選択の学習も有効です。

学級全体への支援や配慮でも児童の笑顔が引き出せない場合、本人保護者と相談しながら、合理的配慮を試行します。以下に例を挙げます。

・プリントに振り仮名をつけて配付する。
・読む量、書く量を児童と相談して決める（減らす）。
・時間の延長を認める。
・問題を教師が代読する。解答する際、支援員が代筆する。
・文字を思い出せないとき、ひらがな表等を見て書く。
・板書のすべてをノートに書くことを強制しない。
・帰りの会のメモは、項目のチェックでできるようにする。
・児童の意欲や理解を評価する際は、筆記試験以外の口頭試験やパフォーマンス評価等、多様な評価方法も取り入れる。
・手書きしたもので評価する際は、文字数や字の美しさではなく内容を評価する。

ＩＣＴを使っての合理的配慮

ＩＣＴを利用した支援は大きな効果が見込めます。積極的な利用を検討しましょう。例を挙げます。

・教科書を読む場面で、デジタル教科書やＤＡＩＳＹ教科書、ペンでタッチすると読める音声つき教科書等（文科省の委託団体が製作）を利用して、聴くようにする。教室ではイヤホン利用して使用する。内容理解が進むと教室での授業の参加率も上がる。

・音読の宿題は、スラスラ読めるようになることや内容理解が主な目的なので、新しい単元に入ってすぐは「聴けばいい」ことにする。

・調べたいことがあるときは、言葉を検索し、その文章をアクセシビリティ機能を利用して聴いて理解する。画像検索や動画を見て理解することも有効である。

・読むことが苦手な児童の中には、画面の明るさが苦手な児童もいる。照度を下げたり、文字サイズやフォントを調整したりすることで疲れを軽減できる場合がある。

・テストの際は、事前に録音した問題文の音声データを聞いて題意を理解したり、タブレット端末で解答したりする。

・手書きにするか、パソコンでの入力（音声入力、ローマ字入力、五十音入力、フリック入力等）にするかを選択できるようにする。記号は手書きを選ぶ児童もいる。

・課題の提出の際、パソコンでの回答やデータでの提出を認める。

ＩＣＴを利用した合理的配慮の実施は、周囲で実施された事例がないと躊躇してしまうかもしれません。しかし、令和5年に出された障害者差別解消法「合理的配慮の提供等事例集」の中に、「試験を受ける際に筆記が困難なためデジタル機器の使用を求める申出があった場合に、デジタル機器の持込みを認めた前例がないことを理由に、必要な調整を行うことなく一律に対応を断ること」は、「合理的配慮の提供義務違反に該当すると考えられる」とあります。本人保護者と話し合いながら、積極的に提供していきましょう。

一方、学校側の準備ができたときに、対象となる児童が「自分だけ特別は嫌だ」と尻込みしてしまう場合もあります。視力矯正が必要な方の眼鏡のように、自分が学ぶために必要な権利であるという考え（セルフアドボカシー：自己権利擁護）を育てていくことも大切です。

Q 集中が途切れることを防ぐ方法はありますか？

なかなか集中が続かない子どもを、授業の内容や教師や友達の説明にひきつける手立てについて教えてください。

ADHDなど、授業に集中することができず、つい手遊びなど別のことをしてしまう子どもは多いです。声かけだけではなく、子どもが集中しやすい環境や学習活動の見通しをつけさせるなどを行っていきましょう。

まずは教室環境の見直しから

まずは教室環境を見直してみましょう。教室には子どもたちの作品や、時間割や行事予定表、給食の献立表など、子どもの注意をひきつける様々な掲示物があります。ふと子どもたちの視野内にそれらが飛び込んだときに、授業への注意が削がれ、子どもの気持ちがそちらに向かってしまうことがあります。もちろん、教室に掲示物を全く貼ってはいけないわけではありませんが、授業中に子どもが注意を向けることが多い黒板周辺などは整理しておく方がよいでしょう。

また、こだわりが強い子どもの場合は、本人が気になるものが教室にあると集中の妨げになるため、授業中は目に入らないように片づけておきましょう。ただし、本人がそれがないと不安で授業に集中できないというケースもあるので、様子を見ながら対応することが必要です。

授業の流れを視覚化して見通しをもたせる

授業開始直後は集中できていたのに少しずつ注意が逸れてくる場合は、あらかじめ授業の展開について子どもに見通しを立てさせておくことが大切です。特に「今日の授業では何を学習するのか」、すなわち〝本時のめあて〟を明示することは、途中で脱線しがちな子どもが元のゴールに戻るためにも必要になります。

また教科書の該当ページ番号を板書する、指示は口頭だけでなく板書しておくなど、「今は何をしているのか」を伝えるために指示の視覚化をすることが大切です。音声による指示は、その指示があった瞬間に集中して聞いていなければ消えてなくなります。視覚化することで、その瞬間に注意が逸れても戻ってくることができます。

メリハリのある授業展開を

1時間の授業に異なる学習形態を入れて、メリハリのある授業展開にすると、集中力が持続されやすくなります。例えば、教師からの発問・指示↓グループでの学習↓発表↓まとめ、などのように学習形態を変えることで、展開の度に集中力がリセットされていき、新鮮な気持ちが持続します。特に集中力が持続しない子どもの場合は、グループ学習の際に座席配置を変更し座り直すなど、視界が切り替わるようにするとよいでしょう。

集中が続かない子どもが活躍する場面を設定する

もちろん、これらのクラス全体に対する授業づくりの工夫だけで、すべての集中が続かない子どもの問題が解決するわけではありません。必要があれば個別の支援を展開していきます。できれば集中が続かない子どもには、授業のなるべく早いタイミングで活躍する場を与える方がよいと思います。前時の復習や既習事項の確認など、確実に答えることができる質問をして回答してもらうのもよいでしょう。あるいは子どもの集中が途切れ始めたタイミングで「○○さん、プリントを配ってください」など、教師のお手伝いという形で気分転換の機会を与えるのも一案です。

大切なのは、**授業に主体的に参加して活躍している実感をもってもらうこと**です。それにより、学習へのモチベーションが高まり、より集中力を持続させることができるようになります。子どもがもてる力を最大限発揮できる授業づくりが求められているのです。

話し合い活動を促す方法はありますか？

クラスの子どもたちは、話し合いがあまり得意ではないと感じているようです。話し合い活動がうまくいくための工夫について教えてください。

学習につまずきがあり、自分の考えを言葉で説明することが難しい子どもたちは、話し合い活動が苦手だと感じているでしょう。話し合い活動を活発にするための工夫について考えてみましょう。

ＩＣＴを活用して自分の考えをもてるように

話し合い活動を成立させるためには、まず自分の考えをもつことが第一歩となります。様々な困りごとがある子どもたちにとって、話し合い活動は何をしていいかわからない、苦痛な時間となりえます。

そこで、まずは全員が自分の考えをもち、何らかの方法で書き表せるようにします。1人1台端末に導入されている学習ツールとして、ロイロノート・スクールやTeamsなど様々なツールがありますが、自分の考えを書き込めるような学習シートを用意します。

学習シートは、「本時の課題」「課題に関する図や表」「式と答え」「自分の考え（説明）」の欄に分け、毎時間同じようなシートをつくり、どこに何を書けばよいのかが明確になるよう構造化を図ります。表現方法に選択肢がある学習シートをタブレットで配付することで、言葉で説明することが難しい児童も図に書き表すことができます。自分なりの考えをもち様々な方法で書き表すことができるため、一人ひとりの力に応じることができます。ヒントカードを作成し配付するのも効果的だと考えられます。

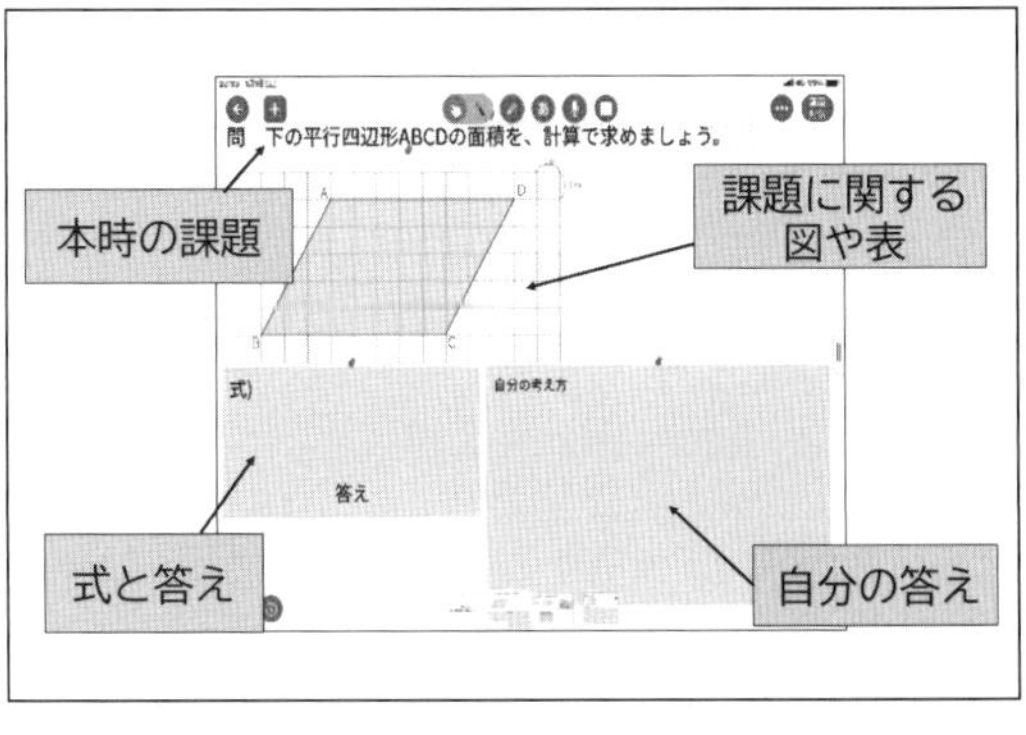

話し合い活動の人数を考える

話し合い活動の形態にはペア、グループなど様々な形がありますが、話し合い活動を何人で行うかについても考える必要があります。ペア活動では、学習が苦手な児童と得意な児童がペアになってしまうと、教える―教えられる、という関係性を生みかねません。一方で4～5人程度の複数人数で話し合いを行うと、何をしていいのかわからない子どもや、何もすることがない子どもが生まれてしまい、手持無沙汰な時間を過ごしてしまいます。

誰もが話し合いに参加意識をもち、活発に話し合えるようにするために3人でグループを設定してみてはいかがでしょうか。3人のグループだと、一人ひとりがお互いの考えを聞き合い、教え合おうという意識が高まります。また、何かにまとめるというような作業の時間でも、3人であれば全員で協力して進めなければなりません。何もすることがない子どもが生まれにくいのです。**ただグループ活動をさせるのではなく、一人ひとりが参加意識をもって話し合い活動に取り組むこと**が大切です。

ICTを活用した話し合い活動

自分の考えをまとめたら、タブレットで学習シートを提出します。教師は提出されたカードを児童全員が各自のタブレットで見ることができるように、回答を共有できる機能を使って回答を共有します。3人班の学び合いでは、自分たちのカードを比較しながら班の話し合いを進め、班で1枚のシートに考えをまとめるようにします。

以下は、ある班の1人学びから3人班学びへの過程です。この日の算数の授業では、平行四辺形の面積の求め方や公式をもとに、三角形の面積の求め方とその公式を考えました。ある子は三角形を平行四辺形に変形し面積を求めましたが、公式にはたどり着いていません。ある子は合同な三角形を合わせて平行四辺形をつくり立式していますが、2で割らなければならないことに気づいていません。またある子は立式はできていますが、なぜ2で割るのかを言葉で説明することができていません。3人とも1人学びでは問題解決に至らなかったものの、3人班の学び合いを通して立式し、なぜ÷2をするのかを説明したり公式を導き出したりすることができています。

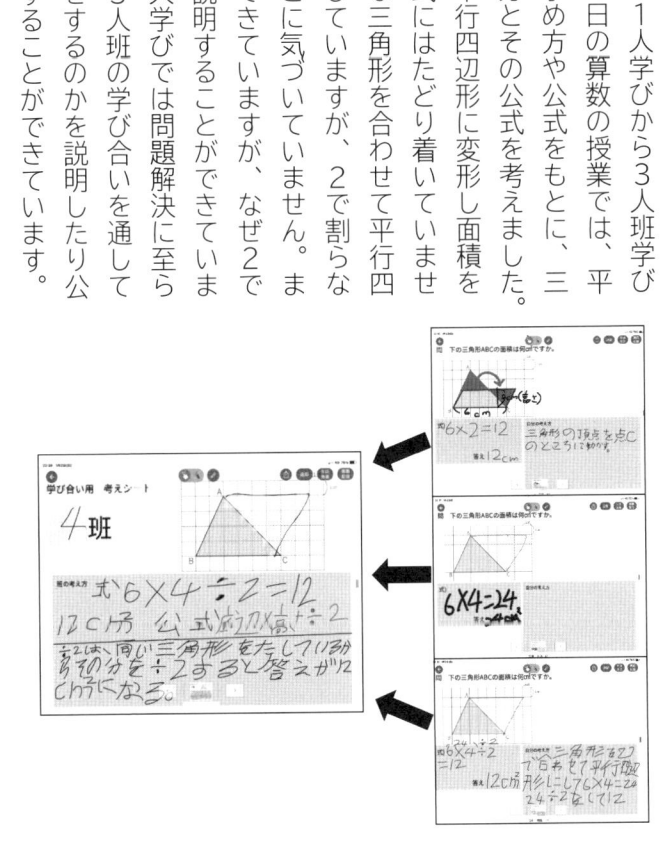

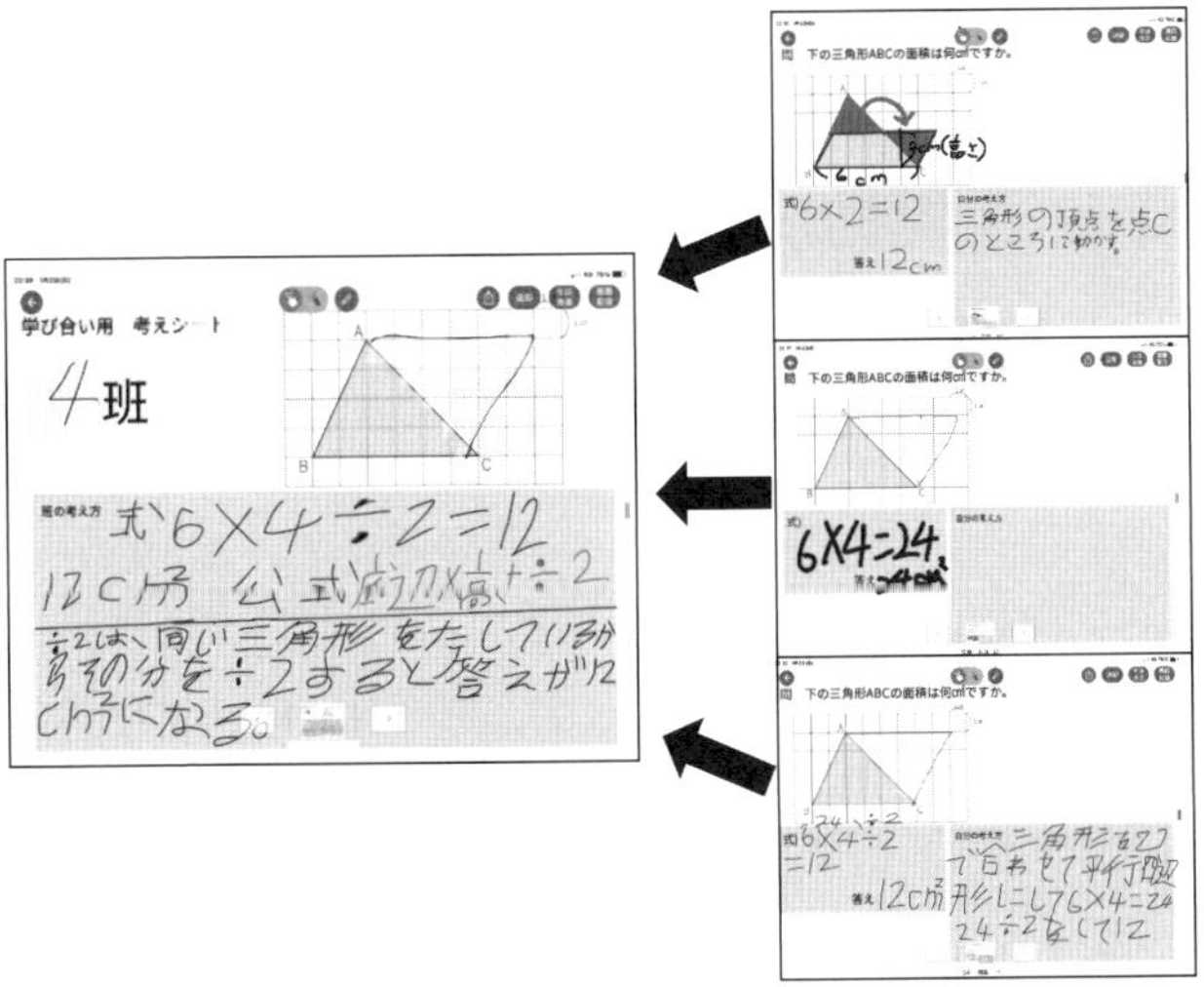

板書で注意すべきことはありますか？

授業で板書をする際に、どんなことに留意する必要があるのでしょうか。具体的に教えてください。

タブレット端末や電子黒板などのＩＣＴが台頭している中、板書にはどのような役割があるのでしょうか。また、構造的な板書という言葉をしばしば聞きますが、結局どのような板書のことを指すのでしょうか。

誰のために板書をするのか明確にする

教育現場において1人1台端末が当たり前になった現在、板書のあり方について見直しが求められています。インクルーシブな学級づくりを推し進める上でも、このことについて考えることは重要であるといえます。では、板書がないと、子どもたちはどんなことに困ってしまうのでしょうか。この点について詳細に整理してみます。

まず、視覚情報を手掛かりにする子どもが困ります。板書がなければ、子どもたちは聴覚情報に頼らざるを得ません。そうなると、視覚情報とあわせれば本来は理解することができたはずの内容でも、理解することが困難となります。

次に、情報を頭の中で操作したり、保持したりすることが苦手な子どもが参加できなくなります。板書の利点の１つに、挿絵やキーワードなどを黒板上で操作しながら子どもたちと一緒に授業をつくることが挙げられます。このような手立てが授業の中から消えてしまった場合、学習につまずきがある子どもが参加できなくなるのは想像に難くありません。念頭で操作したり、手順を完璧に覚えたりすることには個人差があります。中でも、視空間認知や短期記憶に難しさがある子どもにとって、念頭ですべての作業を行うことは至難の業です。

板書はこれらの子どものためにあるといっても過言ではありません。単に、構造化すればよいのではなく、教師の前にいる子どもたちがどのようなことに困っているのかを想定しながら板書を用いることが大切です。

シンキングツールを用いた板書

板書がないと、困ってしまう子どもが出てしまうのは先述した通りです。具体的には、板書をどのように用いればよいのでしょうか。

板書を記録のためのツールとして用いるのであれば、情報を羅列する板書で十分なはずです。しかし、先程も述べたように、教室にいる子どもたちは短期記憶の要因だけで困っているのではありません。例えば、情報の関連性を読み取ることが苦手な子どもにとって、単に情報が羅列された板書では、情報同士の関係性が見えにくくなります。そのような子どもには、記録の板書＋補助的ツールが必要になります。そのようなとき、ヒントカードのようなものを渡すことが1つの手段かもしれません。しかし、あらゆるつまずきを想定し、子ども一人ひとりにカスタマイズしたヒントカードを準備するのは、効率的・持続可能とはいえません。自律した学び手を育てる意味でも、大人がお膳立てした状況で理解させるよりも、**子どもが自ら「見つけた！」と言うことができるような環境設計が重要**です。そのための環境設計の1つがシンキングツールを用いた板書です。

シンキングツールは、抽象的な概念や順序などを視覚的に整理するフォーマット（枠組み）です。板書でこのツールを用いれば、子どもたちの「見つけた！」が生まれやすくなります。例えば、第4学年国語の説明文「ウナギのなぞを追って」第2時では、文章の構造を把握することが目標であるとします。記録のための板書を想定するのであれば、「初め・中・終わり」という用語とそれに関係する言葉や文を横並びに示すことで文章の構造を表します。しかし、情報が単に羅列された板書では、文や段落同士のつながりに注目することが難しい子どもは目標に迫ることが難しくなります。そこで、下の写真のような円形のシンキングツールを用います。この説明文は、初めと終わりで「筆者がいる場所が同じ」という共通点があります。この共通点の意味に気づくためには、文章同士のつながりや段落相互の関係に目を向ける必要があり、円形のシンキングツールが重要な役割を果たします。教師は、文の流れを把握していく中で、筆者が同じ場所に帰って来たということをみんなで確認しながら、センテンスカードを円形に並べていきます。ここで子どもをゆさぶる発問を行います。「これで筆者のウナギの調査は終わったんだね」などと言うと、子どもたちは「何か変だな」と思います。そこで、学び合いを仕組めば「知りたいことは、まだまだ増えるばかりである」などの記述を手掛かりに、筆者が同じ場所に来た

理由や筆者の尽きることのない探究心、初めと終わりにある文章の意味などを知ることができます。シンキングツールを用いた板書を行うことで、単なる羅列された板書と違い、文章同士のつながりや段落相互の関係に目を向けながら文章の構造を把握することができます。

授業のねらいによって板書を変える

昨今、授業スタンダードやホワイトボードの羅列などで板書を画一化しようとする流れがあります。どんな教師でも授業がしやすくなるという点では、効果的な取り組みといえるでしょう。しかし、先に述べたように教師の前にいる子どもは千差万別であり、得意・不得意も同じではありません。そのため、教室の中の誰を中心にして授業をつくるかによって、手立ては変更しなければなりません。

また、授業自体も日々ねらいが変化します。例えば、算数科では「帰納・演繹・類推」という代表的な数学的な考え方があります。どの考え方が重要視されるかは、その日の授業のねらいによって大きく異なります。したがって、板書もそのねらいに沿って変更しなければなりません。ここで、算数科におけるいくつかの授業をもとに、ねらいに沿った板書例を紹介します。

例えば、左下にある①の板書を見てください。この授業ではL字型の求積方法の共通点を見いだし、一般化すること（帰納）が求められます。この授業では共通点を見つけにくいというつまずきが考えられます。このような授業の場合は、ホワイトボードや小黒板を用いて解法を黒板に羅列し、共通点を見えやすくする板書が有効でしょう。次に②の板書を見てください。この授業では、立方体の展開図が多様にあることを見いだすことが求められます。L字型の授業とは違い、視空間認知に難しさがある子どもは一気に展開図が羅列されても何が大切なのかわかりにくいはずです。それは、①と②では、求められる考え方が異なることが原因です。そこで、子どもが「これなら簡単！」と思う展開図を中心に据え、それをもとに解法を次々に見いだしていく展開が有効です。１つの考え方をもとに2つ目を考え、また3つ目の考えへとつな

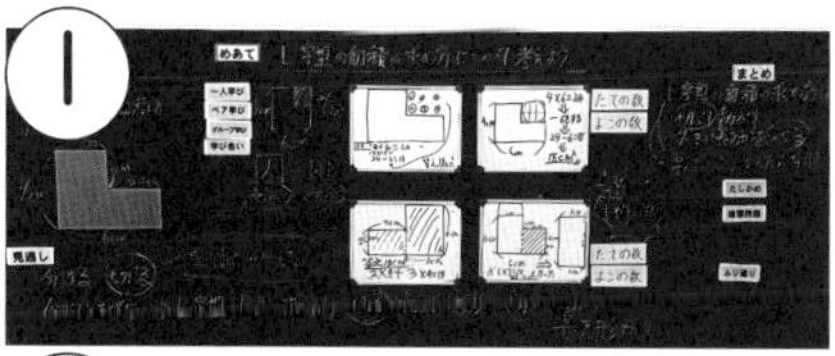

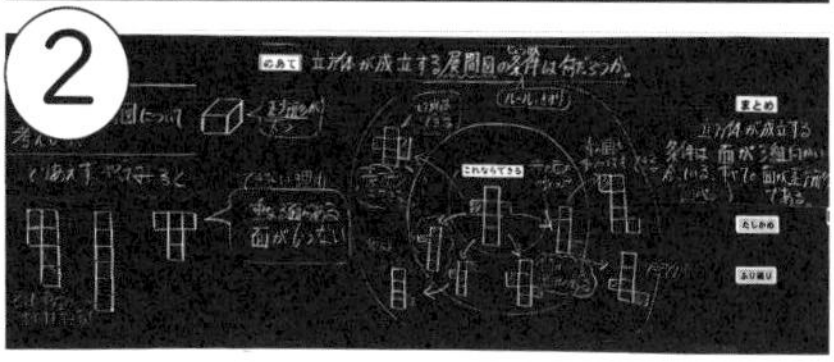

がっていくイメージです（類推）。このような授業では、「これなら簡単！」と思う図形を中心に、同心円状に展開図を並べていきます。こうすることで、考え方の広がり方がひと目でわかります。考えついた順番に番号を振るなどすれば、なお効果的でしょう。

③では、「何倍、何分の一」について根拠を示しながら見つけることが求められます（演繹）。このような授業の場合は、考え方の道筋が重要です。物事を順序立てて考えることが難しい子どもの場合、ただ解法が羅列された板書では、解法の道筋を見いだすことは難しいでしょう。ここで、矢印等を用いて解いた順番や考えついた順番を明確にすることが有効です。「部屋の数が、何倍と何分の一に関係している」とは、つまりどういうことなのか、ひと目でわかるようにすることが求められます。それは授業をつくった教師と子どもだけの物語です。互いがコミュニケーションを十分にとって、板書をつくりあげることが大切です。また、④では、線対称な図形と点対称

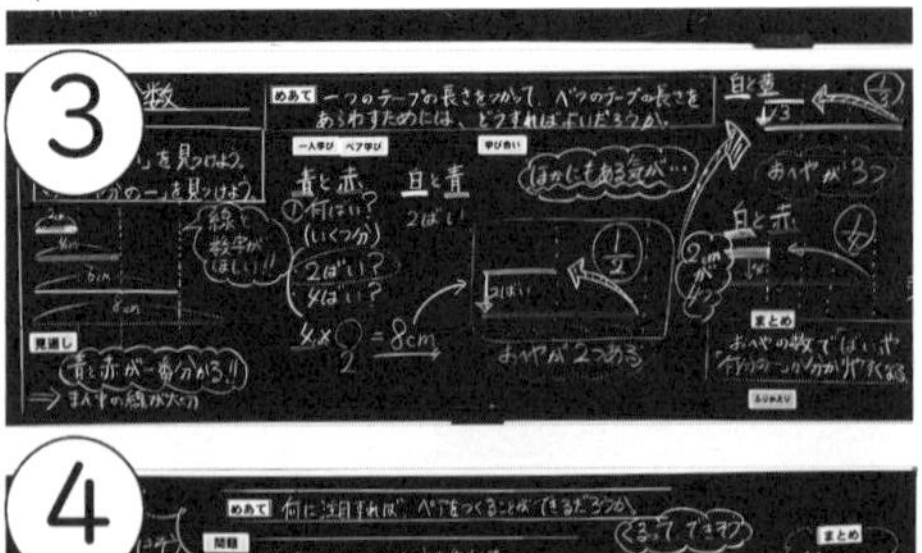

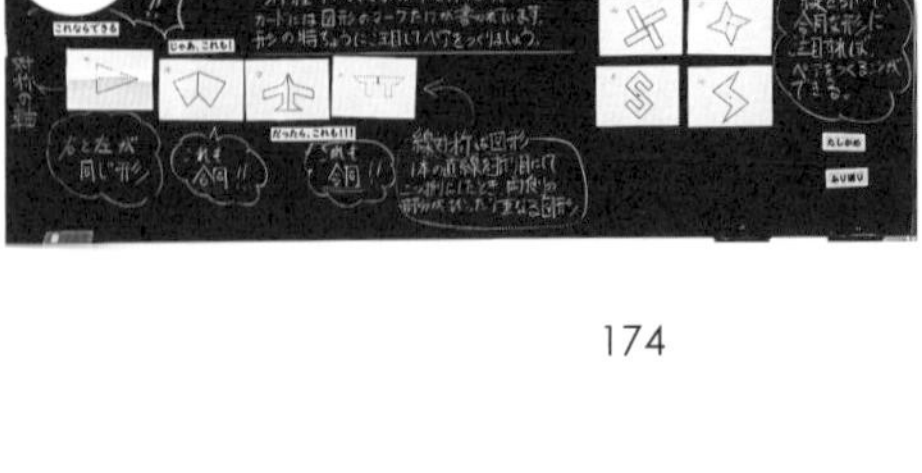

な図形を仲間分けすることが求められます。この授業では、線対称や点対称の図形の共通点を見いだすことが難しいというつまずきが考えられます。そこで、思い切って問題を板書の中心に据え、線対称な図形を左側へ、点対称な図形を右側へと仲間分けすると、共通点が見いだしやすくなります。このように考えの広がりや発展性をひと目で見えるようにしてあげることで、子どもたちも算数という教科の特性を理解することができます。

書く量だけでなく、整理することも考える

しばしば、板書の書き過ぎを意識するあまりキーワードだけが記述された板書を見かけます。確かに文字の書き過ぎは情報過多の意味ではよくありません。しかし、教室の中には書かなすぎる板書に不満をもっている子どももいます。ある勉強が苦手な子どもの言葉に「先生の板書は情報がたくさんあるし、色分けもされているからわかりやすい」というものがあります。この言葉から、**大切なことは書く量だけではなく、色でグループ分けしたり、シンキングツールを用いて整理したりすること**だとわかります。この議論についても、「誰のために板書をするのか」について、立ち止まって再考することが必要です。

漢字が苦手な子にはどんな支援ができますか？

漢字の書き取りを進めても、なかなか覚えられない子がいます。漢字の覚え方はどのように工夫すればよいでしょうか。

学年が上がるにつれ、新出漢字が増えると読み書きの習得に難しさを感じる子どもは多くいます。低学年では自分が得意な覚え方に気づくのは難しいため、エピソード的な覚え方やゲーム感覚で覚えられる方法を取り入れてみましょう。

漢字の一斉指導の中で

新出漢字の学習は、国語の時間の最初や最後に設定されることが多く、一斉指導の中では、漢字ドリルやスキルなどの教材を用いて、空書きやなぞり書きをさせているだけという先生が多いのではないでしょうか。正しく漢字を書くためにも、最初に全体へのそのような指導は大切ですが、認知処理の仕方に偏りがある子どもたちにとっては、そのような指導だけでは足りないことがあります。

視覚的に強い継次処理型の子どもたちに向けては、漢字をパーツごとに色分けして書いたものを提示するとより正しく捉えることにつながります。また、子どもたちにそのパーツを用いて「どんな覚え方があるかな」と問いかけると、案外上手で面白い語呂をつくったりします。この語呂は、全員が覚える必要はなく、覚えやすいと思った子どもたちがヒントになるものとして教室にしばらく掲示しておくなどして、いつでも振り返ることができるようにしておくといいかもしれません。このようにして、**楽しく漢字指導をしているとそのこと自体がエピソードとなって記憶に残っている**ことがあります。「この漢字、この前、○○さんがこんな風に見えるって話してたよね」「●●さんは、こんな語呂で覚えるといいって言ってたね」という言葉かけで漢字を想起することもあります。

漢字の書き取りの宿題

小学校では、漢字の書き取りの宿題が日常的に出されていることと思います。よくあるのが、先生が書いたお手本を見て、同じように1ページ分書き取るというものです。しかし、認知処理に偏りがある子どもたちにとって正しく漢字を書く（しかも、1ページ分とたくさんの量を）というのはとても難しく根気のいる作業になってしまいます。そこで、読み書きに困難のある子どもたちには、穴あきの漢字プリントを用意し宿題を選択させてもいいでしょう。パーツごとに漢字を表記することで、漢字を書く量を減らしながら、かつ、漢字のパーツはすべて書くことで、その漢字がどのパーツから成り立っているか確認することができます。書く量が減ってしまうと思われる先生もいらっしゃるかもしれませんが、大事なのは、間違った漢字を繰り返し書くことではなく、**正しい漢字を書ききり、「やりきった」「自分にもできた」という成功体験を重ねていくこと**だと考えています。漢字の読みも同様です。すべてを書いたものではなく、穴あきのものを提示することで漢字への苦手意識を軽減し、意欲的に取り組むことができるようにします。

また、認知の特性上、細部への注目が難しく、線の過不足など似ているが間違った漢字を書いてしまう子どももいます。そのような子どもへの対応として、正しい字と間違った漢字とを見分ける○×クイズなどを出してもよいでしょう。誤答パターンを知らず知らずのうちに学習するだけでなく、細部へ注目する習慣づけにもつながります。

漢字を使ったゲームで定着を図る

漢字を覚えるには、学習につまずきがあってもなくてもやはり反復してその漢字に触れることが大切です。そのため、日々漢字の書き取りの学習が宿題として出されるのですが、それと並行してクラスの授業時間のちょっとした隙間時間におすすめなのが、漢字かるたと漢字トランプです。

漢字かるたでは、画用紙に熟語を書いてもらい（ここでかるたをつくるときにも漢字を書くことになり、学習になります）、読み手のカードにはその読み方を書いてもらいます。あとは、通常のかるたと同様、熟語カードを机の上に広げ、読み手が読んだカードを見つけて素早くとった人の勝ちということになります。漢字の読みの確認にもなりますし、漢字を見てカードをとることになりますので、その分漢字に触れることにもつながります。

漢字トランプでは、パーツに分けた漢字を画用紙にそれぞれ書きます。そのときに、場所を正しく書くよう注意しましょう。このカードを使ってできるのは、ババ抜きや神経衰弱といったゲームです。ババ抜きの場合、自分の手もとに漢字になる2枚のカードが集まったら、その読み方やその漢字を使った熟語を言いながら出していきます。もちろんジョーカーも用意しておき、最後にジョーカーを持っていた人の負けになります。神経衰弱を行う際には、ジョーカーは外して行うと、通常のルールでゲームを楽しむことができます。

算数が苦手な子には どんな支援ができますか？

算数のつまずきのある子どもに授業内ではどのように支援すればよいでしょうか。

今までの教師経験において、「この方法こそ最適！」と思っていたのに、その指導方法が通用しないときは、どのように対応すればよいでしょうか。

まずは「子どもを知ること」が大切

つまずきに対処する際、どんな場合においても子どものつまずきを詳細に分析したり、子どもの得意な思考パターンを把握したりすることが必要です。算数におけるつまずきは、意味理解や、アルゴリズムの遂行、積み上げの不足など、多岐にわたるからです。「Aさんに効果的だった指導がBさんには効果的ではない…」という経験がある方は多いのではないでしょうか。それは子どものつまずきに指導法が適応していないことが原因です。まずは子どものつまずきの要因を探らなければ、あてずっぽうの支援になりかねません。

しかし、「『子どもを知ること』と言っても何をすればいいの？」と思う方は多いと思います。藤田（2019）は神経心理学による視点を紹介しています。人間の脳による情報処理は「同時処理」と「継次処理」の2種類で行われていることが知られています。同時処理は、情報同士の関連性に着目して処理します。この処理が得意な人は「図や矢印を使うことで比べたり、関連性を手掛かりにしたりすること」に長けています。一方で、継次処理は、情報を1つずつ時間的な順序によって処理します。この処理が得意な人は「順序性や系列性を手掛かりにすること」に長けています。

つまずきは、このどちらかに得意・不得意が偏っている、または、その両方に苦手がある場合に起こります。

例えば、第3学年「かけ算の筆算」においては、2つの理解の仕方が考えられます。同時処理が得意な子どもの場合、図と式を関連させた学び方が適しています。一方、継次処理が得意な子どもの場合は、かけ算の手順をもとに式を理解することが適しています。このような得意・不得意を調べるために、日頃の授業の様子

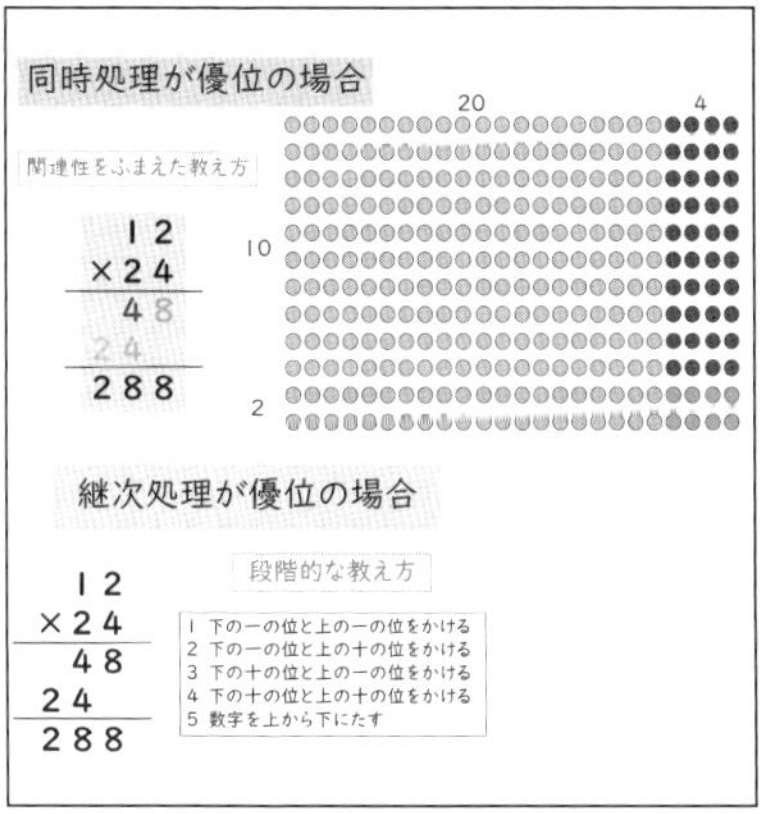

や子どものノートを手掛かりにすることができます。あらゆる手掛かりをもとにすれば、「図や関連性を読み取ることに時間が掛かるから同時処理が苦手なのかな」とか、「物事の順番を理解しにくいから継次処理が苦手なのかな」など、その子どもの「困っていること」がわかるはずです。

得意な見方・考え方で「学び合う」授業づくり

子どもたちの得意な学び方や困っていることが教室の中で一意に定まることは、なかなかありません。子どもが30人いれば、30通りの学び方があるはずです。「それなら、30通りのヒントカードを準備しなければならないのか?」と思う方もいるでしょう。しかし、それは現実的な手段ではありません。学び方が30通りあるならば、それを利用してしまえばよいと思います。例えば、先ほどのかけ算の筆算の指導では、個別指導の文脈で同時処理の考え方と継次処理の考え方を紹介しました。しかし、そもそもかけ算の筆算の授業では、どちらの考え方も大切です。同時処理の考え方がなければ意味理解が不十分になってしまうし、継次処理の考え方がなければ簡潔に解くという筆算本来の目的を達成することができないからです。

　ここで、子ども一人ひとりの情報処理スタイルを生かした授業を紹介します。単元は、第4学年「わり算の筆算(1)」です。第2時では、下図のように問題の文末を「何枚まで」と変更しました。わり算の問題ではこのように文末を変更しても式と答えに変化はありません。しかし、問題文を途中まで書いたとき、子どもは「わり算の問題だ」と言っていたのに、最後の文でわからなくなってしまいました。文末の変更はこれがねらいでした。ここで、同時処理が得意な子どもの出番です。これらの子どもは図を用いた解き方が適しています。この授業では、図のように折り紙を1枚ずつノートに書き、一人あたりの枚数を数える子どもがいました。これを共有すると、他の子どもから、「でも、1枚ずつ配るのはめんどくさいよ…」という声が上がりました。このとき声を上げたのは継次処理が得意な子どもたちでした。「簡潔な手順」を求めての発言です。これを機に「わり算の簡潔な手順探し」が始まります。その後、「折り紙を5枚ずつ配ってはどうかな？」「10枚ずつの方が簡単だよ」などのやりとりを経て、一般的な

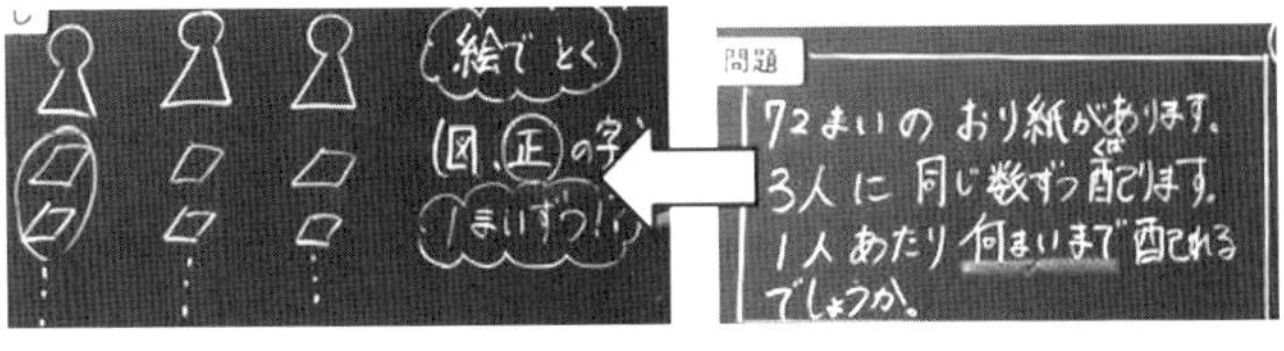

わり算の筆算の形式にたどり着きました。

　このとき、教師は発問を通して「図と式を行き来すること、板書に手順を視覚化すること」が大切です。継次処理の子どもは、図だけで理解することが難しいからです。これは教師の役目といえます。この授業では、**同時処理が得意な子どもの考えを序盤に引き出し、それについて継次処理が得意な子どもが質問したり解釈したりすること**を意識して授業を行いました。創造的な学びを行うためには、そもそも同時処理の考え方も継次処理の考え方も両方必要です。これをヒントカードなどで先回りして支援してしまうと、それぞれの情報処理スタイルの考え方を生かした学び合いが起こらなくなってしまいます。個別の支援を行うときは、そこに十分配慮する必要があります。

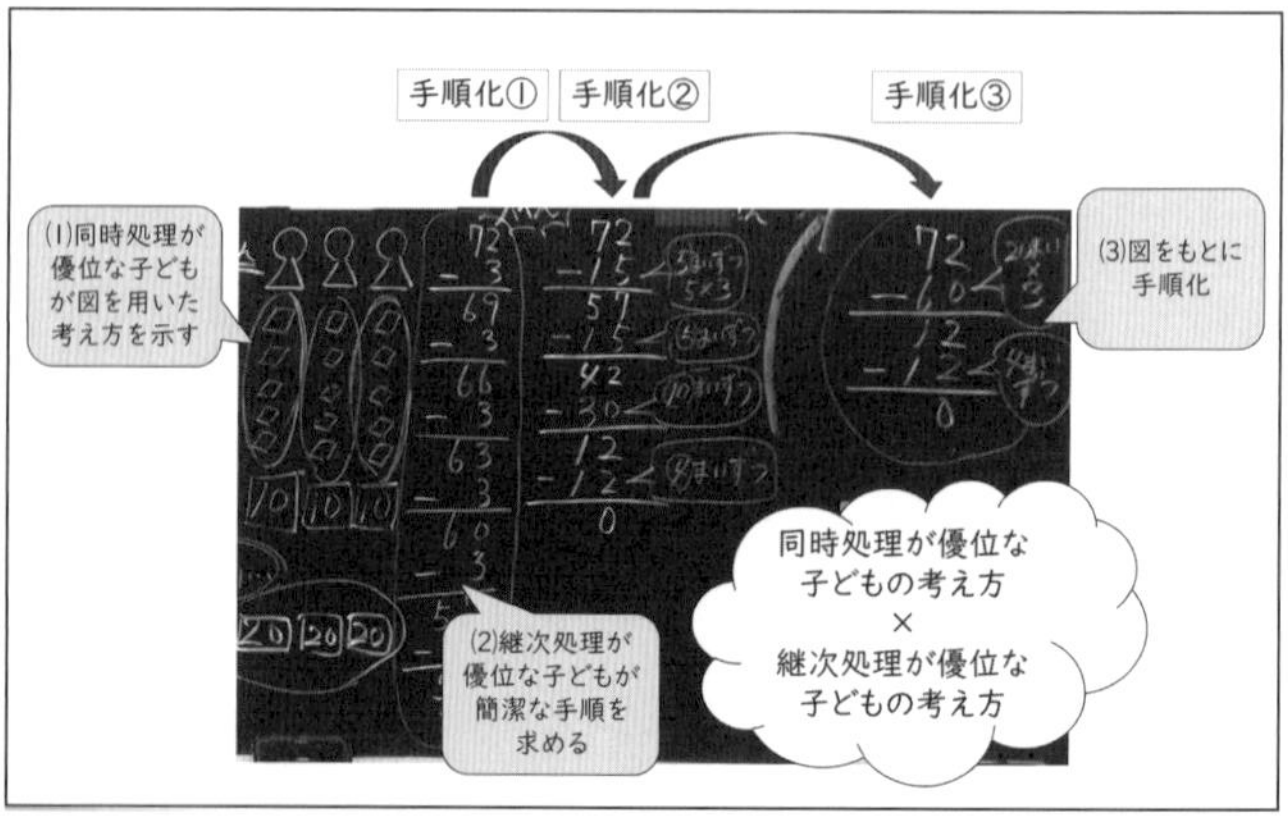

つまずきを肯定的に捉えた声掛け・発問

算数・数学は系統性が強い学問であるが故に、つまずきの経験も積み上がってしまいます。そのため、授業で発表することを極度に嫌がったり、失敗を恐れて何も書くことができなかったりする子どもは少なくありません。そのような子どもたちが安心して学びに向かうためには、つまずきを肯定的に捉えた声掛け・発問が必要です。このことについて、ある授業をもとに紹介します。

単元は第2学年「かけ算(2)（8の段）」です。たし算を使って8の段をつくっていく子どもたちですが、8×5で答えがわからなくなってしまいました。そこで、交換法則を用いて答えが40であると導く子どもが現れます。「そうか、交換法則を使えば確実に解くことができるのか」と気づいた子どもたちは、交換法則を使って8の段の続きをつくっていきます。

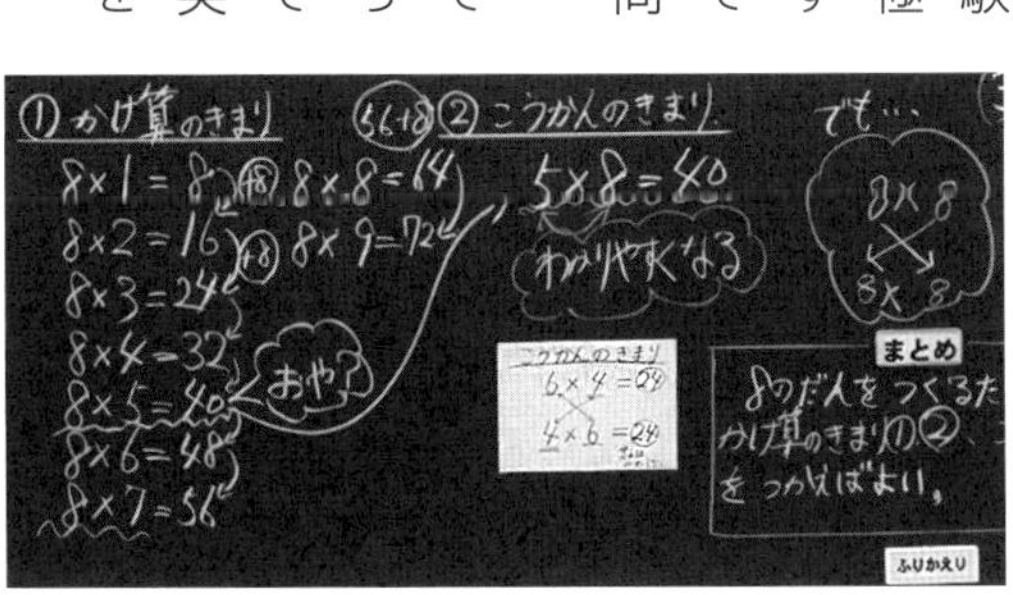

しかし、途中である子どもが止まってしまいました。ここで「どこで止まったの？」と尋ねてみました。すると、８×８でわからなくなってしまったことを教えてくれました。この子どもは首を傾げて不安そうにしていました。ここでつまずきを肯定的に捉えるために発問として、「〇〇さんが８×８で困っているそうなんだけど、この気持ちがわかるかな？」と、尋ねてみました。みんなは「とてもわかる！」と、温かい反応をしてくれました。ある子どもは黒板の前に出て「こういうこと？」と、困っているであろうことを図で示してくれました。その後は、８ずつ増やす方法に戻り、８の段を完成させることができました。一人の困っていることがクラスみんなの共感を生み、新たな学びを生んだのです。算数でつまずいている子どもに共感し合う授業展開は、まさにインクルーシブと言うことができます。

このように、算数のつまずきへの対応は、神経心理学の視点で考えることで、より的確に行うことができることがわかります。また、先程述べたように、つまずきに対する声掛けなど、子どもたちの心の面についても考慮する必要があります。しばしば、「〇〇さんが間違ってくれたおかげでみんなの学びになったよ」という声掛けを耳にしますが、これは自分事にして考えてみると少し疑問が残ります。子どもにとっては、失敗は恥ずかしいものであり、できればしたくはないものです。失敗を肯定的に捉えてほしいという考えそのものはわかりますが、直接的な表現で失敗を全体に伝えてしまうと、子どものプライドを傷つけてしまいます。「もう二度と発表したくなる」ことも考えられます。インクルーシブな学級づくりは、授業中の教師のひと言に依存すると言っても過言ではありません。

算数は系統性が強い学問であるため、つまずきがある子どもは、失敗経験が積み重なっていることが少なくありません。そこで、何に困っているのか、その子どもがどのような表情をしているのかなど、細かな情報を集めることが大切であると思います。

Q

授業逸脱行動への対応方法を教えてください

授業中に不適切な発言や関係ない行動をする子どもにどう対応すればよいのでしょうか。

授業とは関係ない発言や行動をしてしまう子どもへのアプローチには「応用行動分析」の原理に基づいたポジティブ行動の支援が有効です。

応用行動分析の考え方に基づいたポジティブ行動支援が大切

発達障害のある子どもは、その障害特性から集中が持続しないことやその場の雰囲気からどのような行動が求められるかを読み取ることが苦手なことがあるため、授業が進んでくると様々な「授業逸脱行動」をすることがあります。このようなお子さんに何度も注意や叱責を繰り返すと2次障害を生み出すことにつながります。そのため授業逸脱行動には、応用行動分析の考え方に基づいたポジティブ行動の支援を展開することが求められます。

応用行動分析はスキナーによる学習理論がもとになっています。人間の行動（Behavior)

には、その行動のきっかけとなる先行条件（Antecedents）と、その行動によってもたらされる結果（Consequences）が必ず随伴しています。そうした随伴性を捉えることを「ＡＢＣ分析」と呼びます。

ＡＢＣ分析の結果、行動の随伴性を捉えたら、先行条件（Ａ）、結果（Ｃ）を操作して逸脱行動が出現しないように働きかけつつ、行動（Ｂ）そのものも望ましいポジティブなものへと変容していくように促します。

ＡＢＣ分析で授業逸脱行動を捉えると

授業逸脱行動をする子どもの場合、多くは「授業そのものがつまらない・わからない」という状況に陥っていることが多く、退屈な状況から逃れるためや、教師や周囲の子どもの注目をひくために逸脱行動をしていると考えられます。まずは授業のＵＤ化を進め、その子どもが授業に参加・理解できるよう環境を調整したり、授業づくりを工夫したりすることが必要です。これは先行条件（Ａ）の操作にあたります。

次に結果（Ｃ）を考えてみましょう。授業逸脱行動をした結果、退屈な授業から逃れることができればその行動は強化され、授業逸脱行動をする頻度は増大します。したがって授業逸脱行動をした場合、叱責をすることで弱化（罰）を与えたくなります。

ただし通常の学級という集団の場で、特定の子どもを叱責することには様々な問題があります。そもそも通常の学級での不適切な行動は、何かイヤなことからの逃避によって強化されていること（負の強化）が多いのです。「イヤなことからの逃避」と「先生からの叱責」を天秤にかけて前者の方が得られる強化価が強ければ逸脱行動は強化され続けます。

そのため（B）行動を、授業逸脱行動から周囲に承認されるポジティブな行動に置き換えていくことが必要です。例えば、授業逸脱行動を始めそうなタイミングで「○○くん、このプリントをみんなに配って」と指示し、しばらく離席してもよい状況をつくります。結果的に逸脱行動をして退屈さから逃れるのではなく、みんなから認められる行動で退屈さから逃れるポジティブ行動をする機会をつくることでその子どもの自尊心も高まります。

通常の学級で
応用行動分析を展開するためには

応用行動分析の手立ては、特別支援学校や特別支援学級で個別の関わりを行う場合の基本的な対応法として定着をしているのですが、こうした手立てを通常学級において用いることには様々なハードルがあるのも事実です。例えば、「特定の子どもにだけ強化子を与える」ことは周囲の子どもから不公平と思われる可能性もあります。そのため、まずは「集団随伴性」（p148参照）を利用して、周囲の子どもたちを含めた学級全体でポジティブ行動を増やした上で、どうしても集団に対する取り組みだけでは行動が変容しない子どもに対して個別に取り組むようにした方がよいでしょう。周囲の子どもたちが落ち着いてくることで、対象の子どもがどの場面で授業逸脱行動をするのかなどの随伴性もよく見えるようになります。

繰り返しますが、授業逸脱行動を抑制するといったネガティブな発想ではなく、授業中の行動としてふさわしいポジティブな行動を増やす、という観点が重要です。授業逸脱行動は「困っているよ」という子どものサインであり、そのサインを見逃さず子どもの困りを解消するための手立てをしっかりと行っていきましょう。

Q 交流や共同学習の際のポイントはありますか？

交流及び共同学習において、特別支援学級の子どもが通常の学級で学ぶ場合の支援のポイントを教えてください。

交流及び共同学習は、障害のある子と障害のない子がともに活動をして相互のねらいを達成するものです。「交流」は豊かな人間性を育むことを目的とします。「共同学習」は、教科の学習を通してお互いに学習のめあてを達成していくことを目的としています。

関わり方のポイントを伝える

特別支援学級に在籍している児童生徒の実態は様々で、一人で交流学級の授業に参加できる場合もあれば、担任と一緒ではないと授業に参加することが難しい子もいます。学校の規模にもよりますが、多くの学校は学年が上がるとクラス替えがあると思います。前の学年から同じ教室で学習する機会があった児童生徒は、特別支援学級の児童生徒のことを知っています。しかし、初めて一緒に学習する子どもたちはどんな子なのかわからない場合が多いです。普段の関わりの中で知ってもらうことが理想ですが、なかなか知ってもらう機会が多くありません。そこで、交流学級の児童生徒と特別支援学級の児童生徒がお互いを理解し合う機会を設けます。

例えば、〇〇学級で国語や算数の学習をしていて、生活、音楽、体育、図工を1年1組で学習する太郎さん（仮名）がいるとします。そこで、1年1組の担任と一緒に「〇〇学級について知る授業」を設定します。設定のタイミングは、1年1組の子たちが「太郎さんはなぜ国語や算数を〇〇学級で学習しているの？」と疑問をもったときがいいです。しかし、そのような機会を待っていると1年が終わってしまうこともあります。きっかけがないときは、〇〇学級について知っていることやわからないことを聞き、子どもたちの認識を確かめるといいと思います。また、〇〇学級の中には、知的や自閉症・情緒、肢体不自由、弱視、病弱などいろいろな障害種が含まれています。1年1組の子どもたちは、太郎さんが〇〇学級でどんな学び方をしているのか知らない部分がたくさんあるでしょう。使う教科書も、通常の学級に在籍している子どもたちと同じ検定教科書の他に、☆（ほし）本（文部科学省）や一般図書を使っていることも知らないでしょう。学習の進め方も通常の学級とは違うことを説明すると、イメージが湧きやすくなると思います。

「〇〇学級について知る授業」で、太郎さんの得意なことや苦手なことに触れると、普段の交流のときに気をつけるポイントがわかると思います。太郎さんを正しく理解することが通常の学級の子どもたちにとって関わり方のヒントになります。

誰でもアクセスできる場づくりの工夫

体育の授業を例に考えます。体育は体を動かせるから好きだと思っている子も多くいます。しかし、反対に自分の思い通りに体を動かせない、うまくできないから嫌いだと思っている子もいます。特別支援学級に在籍している子どもたちも同じです。何度も特訓のように練習させるような関わりではなく、やってみたいと思えるしかけが必要です。

実際に鉄棒あそびの単元で、固定された鉄棒には届かず、ぶら下がるのがやっとの2年生の子どもがいました。体育館に室内用の鉄棒が2台あり、外に固定されている鉄棒よりも低かったので、特別支援学級の子たちはそこで鉄棒の練習をしています。体育館の鉄棒は次ページ写真のように設置し、扉を開けておくことで、運動場にある鉄棒と向かい合うように場づくりをしました。室内の鉄棒にマットを敷き、マットの上に跳び箱の一段目を置いて高さを調節します。すると、外の鉄棒ではできなかった「つばめ」の技ができました。特別支援学級の担任が補助をしながら前回り下りにも挑戦することができました。マットがあり、恐怖心があまりなかったことが挑戦につながったと思います。

なおこの場は外の鉄棒と向かい合わせになっているため、お互いの活動の様子が見えます。鉄棒が苦手な子は他にもいるため、体育館の鉄棒に興味を示している子もいました。そこで、体育館の鉄棒で一緒に取り組むことにしました。高さが調節できることやマットが敷いてあることが、鉄棒の苦手な子にとって不安の軽減になっていました。特別支援学級の子どもたちへの場づくりが、結果的に鉄棒を苦手と感じる多くの子どもたちにも有効な場になりました。

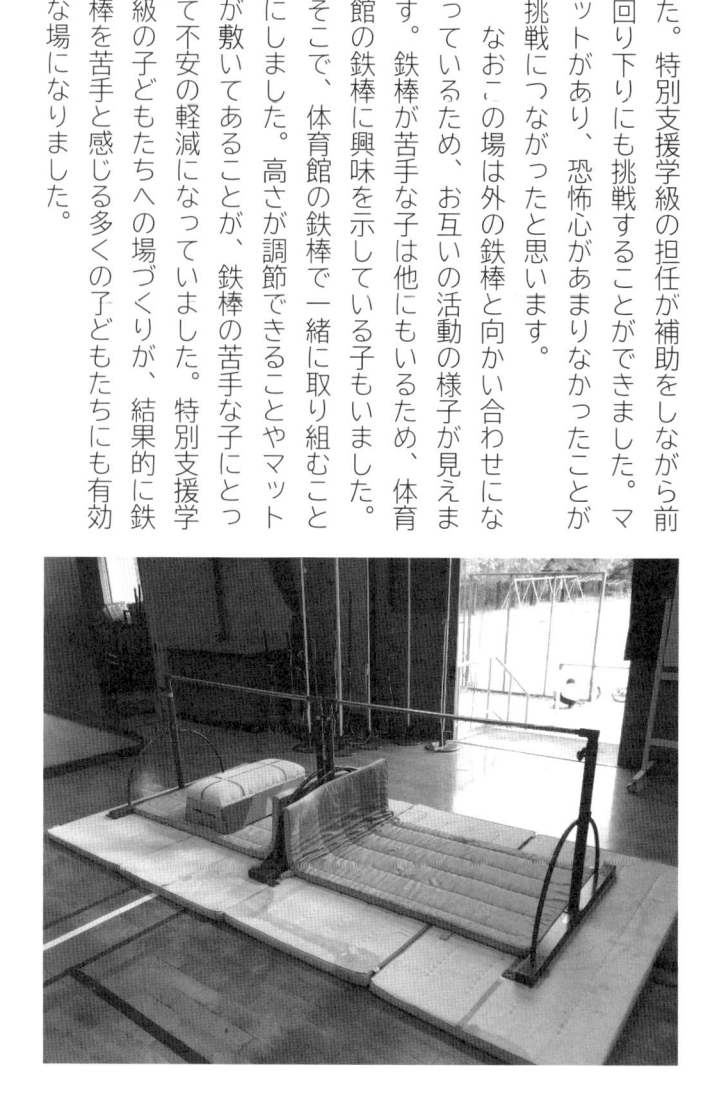

ICTを活用して どんな支援ができますか？

授業UDやインクルーシブな授業づくりの視点で、授業内でICTを使う際のポイントや留意点を教えてください。

授業でのICT活用については、子どもがどのように活用するかを考えることが大切です。ICTを活用して、協働的な課題解決と探究活動で学びを深めるとともに、一人ひとりの学びのスタイルに寄り添うことが重要です。

ICTを用いて一人ひとりに合った学習環境を提供する

ICTは学校教育における基盤的なツールとして必要不可欠なものです。特に、多様なニーズのある子ども一人ひとりに適した学習環境を提供するという点で、学校の多様性と包摂性を高め、授業内で効果的な個別支援を行うことが可能になります。例えば、読み書きに苦労する子どもたちには、音声入力機能や画面読み上げ機能を用いることで、その授業がねらいとする本来の学習課題に到達することができます。テキストサイズの変更やカラーフィルターの適用など、様々なアクセシビリティ機能を活用して、それぞれのニーズに合わせた学習しやすい環境を整えることが可能になるのです。

さらに、子どもたちの理解度や学習速度に合わせて進められるアダプティブな学習環境も実現できます。例えば、教師が示した手本の動画を繰り返し観ることや、ＡＩドリルを利用して理解度に応じた問題を解いたりすることが可能です。ヒントカードを用意し、必要に応じて利用することや、過去の学習内容を参照したりすることも容易になります。

もちろん、これらを実現するためには、多様な学び方を尊重する学級風土を日頃から育むことが重要です。

ＩＣＴを使った協働的な問題解決と探究活動でインクルーシブな学級風土を培う

特にＩＣＴの活用が大切になるのは、授業内における協働的な問題解決と探究活動の場面です。ＩＣＴで効率的に知識を獲得するためだけに利用するのではなく、協働的な課題解決が求められる学習場面で、子どもが自らＩＣＴを用いて情報を収集、整理・分析を行い、まとめ・表現を行う場面でもＩＣＴを積極的に活用することで、論理的思考力や表現力を高めることができます。子どもたちの深い学びを促進するための有効な手段となるようICTを利用していくことが重要なのです。

協働的な課題解決場面におけるICT利用のメリットはとても大きいです。例えば、クラウドベースのアプリケーションを使用することで、友達の考えを手元で視覚的に確認できたり、多角的な視点で自分の考えをまとめることができたりなど、言葉による討論だけでは難しい子どもの理解を補うことができます。複数の子どもが同時に文書やプレゼンテーションにアクセスし編集したりすることも可能になります。異なる視点やアイデアを取り入れることで、問題解決の多様性が広がり、より深い理解や革新的な解決策が生まれる可能性が高まるでしょう。

こうしたICTを利用した協働的な学びを通して、子ども一人ひとりが役割をもち、互いに協力し合いながら課題に取り組むことは、お互いを尊重し、助け合うといったインクルーシブな学級風土を育むこともできます。それぞれの子どもの強みを生かし、役割分担を行ったり、苦手さを補い合ったりすることを推奨することで、包摂性を高めることができます。

子どもたちの主体的な学びを支援し、将来の社会で必要とされる能力を育成するために、効果的なICTの活用が求められているといえます。

ＩＣＴを使った多様な表現方法を取り入れる

ＩＣＴは、文章だけでなく、画像、動画、音声など、多様な表現方法を可能にしてくれます。探究的な活動において、ＩＣＴを活用しプレゼンテーションを行うことや、絵や動画、音楽などを組み合わせて表現することにより、多様な表現方法を取り入れることができます。絵が得意な子、文章が得意な子、音楽が得意な子など、それぞれの強みや興味関心に合わせた表現方法を選択することで、主体的に学びに取り組むように促していくことが可能です。さらに、異なる表現方法を組み合わせることで、互いの考えを尊重しながら、共有し、協力してよりよい課題解決に取り組むことができます。

多様性を尊重し、協働しながら課題解決に取り組むことは、これからの社会で必要とされるスキルです。ＩＣＴを活用した多様な表現方法を授業に取り入れていくことは、**子どもも一人ひとりの個性を生かし、学びを深めると同時に、思考力や創造性を育むことができます。**これからの社会で活躍できる人材を育成する上でとても大切な視点です。

インクルーシブな学級づくりのポイントを教えてください

インクルーシブな学級を実現するためには、具体的に教師がどのようなことをする必要があるのでしょうか。

インクルーシブな学級づくりには特別支援教育の視点を取り入れた学級経営が必要です。青山新吾氏は、子どもの言動の背景要因に目を向け、支援としての「選択する場面」をつくる、それを可能にする「幅」と「寛容度」を高めることと述べています。(2022)

子どもの言動の背景要因に目を向け、肯定的な眼差しを向ける

特別支援教育の視点に立ちインクルーシブな学級をつくるには、子どもの言動の背景要因に目を向けることから始めます。うまくいかないことがある、つい手が出てしまったり、暴言を吐いてしまったりすることがある、といった子どもの言動の背景には、そうせざるを得ない理由が必ずあると考える必要があります。

川上康則氏（杉並区立済美養護学校）は、「むかつく！」「消えろ！」と暴言を吐いてしまう子は、「悔しい」とか「もどかしい」といったネガティブな語彙をもっていなかった

り、焦りや混乱のためにうまく使えなかったりといった背景要因が考えられると述べています。そう考えて子どもと関わると、「どうしてほしかったの？」「それは悔しかったね、次は友達や先生にそう伝えられるといいね」とアドバイスができます。また同じような場面で、ネガティブな気持ちをうまく伝えて仲直りができたり、気持ちに折り合いをつけたりすることができたら、一見当たり前に見える子どもの言動に、「すごいね」と肯定的な言葉かけができると思います。

子どもたちは、このような教師の肯定的な関わりをモデルにすることで、多様性を認め合い、幅と寛容度を高めていくことができます。

困っていることを素直に言い合えるクラスに

多様性や差異が認められる、支持的風土のあるクラスづくりを目指すためには、クラスの子どもたちが、困っていることをやり過ごしたり、カモフラージュしたりするのではなく、困りに対して周囲に援助をもらいながら解決していく経験の積み重ねが必要です。

自己肯定感には2つの側面があります。1つはできる自分に自信があること、もう1つはできないことがあるけどそれも含めて自分を認められることです。この2つの側面をもった自己肯定感が潰れてしまうと、その子にとって、クラスが居心地の悪い、居場所のないものになってしまいます。だから、クラスで困っていることを言い合えた方が、できないことがあっても、自分らしさを大切にでき、多様性の包括につながっていきます。

授業ではよく「できる人?」「わかる人?」と教師が手を挙げさせることがあります。悪いことではありませんが、「わからない」ことを大切にすることも必要です。

困っていることを素直に言い合える発問の例として、

「今困ってるーって人?」

「ちょっと友達に手伝ってほしいよーって人?」

「自信ないって、自信をもっていえる人?」

といったように、いろんなバリエーションで困りを出させ、困りをきっかけに教師のファシリテートで授業を深めていくこともできます。

困っていることを言えたことが、課題の解決や成功体験につながったということを教師が価値づけ、子どもたちに涵養していくこと。これがインクルーシブな学級をつくるポイントの1つです。

みんなで乗り越えられる教室に

問題が少ないクラスがいいクラスというわけではありません。問題が起きたときにみんなで解決できる（解決する術がある）クラスが、インクルーシブな学級です。

「ご機嫌な教室」は、ストレスが少なく、みんながにこやかに安心して過ごせていじめがおきにくいと荻上チキ氏（２０１９）は述べています。

関連して、担任の先生が話をよく聞いてくれるクラスはいじめが起きにくいという調査結果もあります。職場でも同様ですが、機嫌がいい上司には話しかけやすいし、逆もまた然りです。教師が機嫌よくいること、これが、みんなで乗り越えられる、多様性や差異が認められる、インクルーシブな学級をつくる最大のポイントです。

「担任の先生が話をよく聞いてくれる」といじめの頻度

いじめ ＼ 話をよく聞いてくれる	よく聞いてくれる	ときどき聞いてくれる	あまり聞いてくれない	まったく聞いてくれない	無回答
よくある	21.4%	32.1%	39.3%	3.6%	3.6%
ときどきある	29.4%	49.5%	17.4%	1.8%	1.8%
あまりない	45.7%	36.0%	15.4%	2.9%	0.0%
まったくない	49.0%	38.5%	9.7%	1.8%	1.0%
無回答	44.4%	44.4%	0.0%	0.0%	11.1%

秦政春「いじめ問題と教師：いじめ問題に関する調査研究（Ⅱ）」
大阪大学人間科学部紀要．25,1999

発達障害のことを他の子どもに説明すべきでしょうか？

学級の他の子どもたちの理解を促すために、発達障害がある子のことを説明するべきか悩んでいます。

発達障害のことを周囲の子どもたちに伝えることは、かなりリスクを伴います。どのようなリスクがあるのか、もし伝えるとしたらどのような点に注意すればよいのでしょうか。

基本的にはクラスメイトに伝えるのは避けた方がよい

発達障害は障害の有無がわかりにくいので、周囲の子どもたちからは「なぜこんな行動をするのか」「なぜこんなこともできないのか」という不審な目で見られることがあります。クラス担任として、発達障害をクラスメイトに説明して理解を促し、クラスが発達障害のある子どもを受容できるようにしたいという考えなのだと思います。しかしながら、発達障害のことを周囲の子どもに伝える（カミングアウトする）のはリスクが高いため基本的には避けた方がよいと思いますし、伝えるにしても細心の注意を払う必要があります。

学年にもよりますが、そもそも「障害とは何か」を子どもに説明するのは困難です。“病気”ではありませんし、治るものでもありません。特に発達障害の場合、外から見て本人の困りごとを想像することは難しく、中途半端な説明ではむしろ「自分とは違う存在」という異質感が高まってしまいます。

本来、人間には誰しも得意なことと不得意なことがあり、お互いのよさを認め合い助け合うことができるクラスづくりが大切であることは言うまでもありません。しかし、こうしたクラス風土は一朝一夕でできるものではありません。教師が子どもたちに障害のことを説明するだけで雰囲気が変わるというものではないでしょう。

特に発達障害の子どもがいじめやからかいの対象になっているケースで、そうしたいじめやからかいを止めたいという目的で周囲の子どもたちに発達障害のことを説明するのは大きなリスクを伴います。悲しいことに、子どもは残酷な一面をもっていることもありますから、教師がＡさんの困りごとを伝えると「そこが弱いのか」とむしろ困りごとをついていじめたりからかったりすることもあります。少なくとも「自閉症スペクトラム」や「ＡＤＨＤ」などの具体的な障害名を出すことは避けた方がよいでしょう。障害名を伝えると「Ａさんには○○という障害がある」ということだけが強調されてしまい、どのようなことに困りごとがあるのかが伝わりにくくなります。また障害名を聞いた子どもが「Aさんは〇〇障害」ということを他の場所で広めてしまうかもしれません。

もしカミングアウトをするなら

いうまでもなく、障害があるというのは重大な個人情報です。したがってクラスメイトへの説明は本人や保護者の強い意向がある場合に限るべきです。たとえ障害名に触れなくとも、それと推察できるような情報をことさら取り上げるのは厳禁です。

本人や保護者の意向がある場合でも、事前に「どのように伝えてほしいか」を具体的に本人や保護者と打ち合わせしておきましょう。

先述したように、いじめやからかいが既に起きてしまっているような場合に説明をすることは「火に油を注ぐ」結果になるリスクがあります。したがって「今もクラスメイトとよい雰囲気だけど、説明することでもっとよい関係になる」と確信できるような、受け入れられるクラスの土壌ができていることが必要条件です。

またクラスメイトに説明した後も、クラスの雰囲気やAさんの周囲との関係がどのように変化するか、しっかりと観察することも忘れないでください。

カミングアウトする前に周囲の理解を促すことが大切

カミングアウトをする前に、クラスメイトが発達障害のある子どもを受け入れられるようなクラスの土壌をしっかりと培っておくことが大切です。

発達障害のある子どもの行動は、周囲の子どもたちからすると「なぜそのような行動をするのか」わかりにくいものが多いです。授業中に立ち歩いたり、場にそぐわない発言をしたり、些細なことにこだわったり…。ある意味では不思議な行動なのです。

そうした発達障害のある子どもの不思議な行動を見たとき、**周囲の子どもたちは教師の態度を見て解釈します。**その際、教師が発達障害の子どもに向けて注意や叱責を何度もしているのを見ると、「あの子は先生から怒られることばかりしている」と発達障害児をネガティブな存在として捉えてしまうでしょう。

本来、人間には誰しも得意なことと不得意なことがあります。両面ありながらも、一人ひとりが個性をもったかけがえのない存在であると感じてもらいたいのですが、発達障害のある子どもはネガティブな面が目立ちやすく、マイナスな評価になりがちです。

まずは発達障害のある子どもの得意な面が発揮される機会をつくりましょう。多動なお子さんであれば、プリントなどを配付する係などの役割をしてもらい、「○○君が素早く動いてくれるので助かる」とほめる場面をたくさんつくりましょう。特定の分野の知識が豊富な子には、その知識を披露する場面を設定しましょう。授業中に他の子どもとはちょっとズレた発言をしてしまう子の場合は、その着眼点のよさをほめるとよいでしょう。このように、教師が意図的に発達障害のある子どものよい面をほめる機会をつくることで、周囲の子どもに「よい面と悪い面」がバランスよく伝わるように心がけましょう。

また、日々の学校生活の中で、発達障害のある子どもはその特性が故に様々な困りをもちます。集中が続かない、どう動いていいかわからない、不安が高く行動に踏み出せない…。そうした場面で、周囲の子からのサポーティブな関わりがあれば乗り越えられることも多いと思います。

周囲の子どものサポーティブな関わりを増やすためには、発達障害のある子が困っている場面でどのように配慮・支援した方がよいかを、教師が具体的に見本を見せることが大切です。優しい声かけの仕方や、お手伝いの仕方、励ましのモデルなど、ちょっとした配慮の仕方を伝えていくとよいでしょう。

そして実際に（その子なりに）発達障害児にサポーティブな関わりができたときに、教師が「よい関わりができたね」とクラスメイトのサポーティブな行動を価値づけてほめることです。ほめられることで次からもサポーティブな関わりを行うことができるでしょう。

またトラブルを避けるために、どうしても発達障害のある子どもと関係がよい子どもをペアに組ませがちですが、その子が「お世話係」のようになってしまうのは避けてください。**いろんなクラスメイトが関わる機会を設け、発達障害のある子どもの人間関係を広げていくことも大切**だと思います。

発達障害への理解を促すために何ができますか？

通常の学級でパニックを起こしたり、授業妨害行動を起こしたりする児童がいます。クラスメイトの理解を促すにはどうすればよいでしょうか。

クラスの誰もが安心して過ごすためには、人的環境のユニバーサルデザイン化を図ることが大切です。阿部利彦氏はクラスで気になる子を「気にし過ぎる子」の存在について述べています。(2019)

周囲の子どもたちに〝そっとしておく〟スキルを

クラスメイトがパニックを起こしてしまったら、周囲の子どもたちは何が起きたのかわからず驚いてしまうでしょう。みんなで近寄り「どうしたの？」「何してるの？」と尋ねたり、大声で泣くあまり「なんで大きな声出すの」「うるさいよ！」といった声をかけ始めたりする子どももいるかもしれません。しかし、それではパニック状態が長引いたり、よけいにひどくなったりしてしまいます。

そんなときは、周囲の子どもたちに〝そっとしておく〟スキルを身につけさせるといいかもしれません。パニックとまではいかなくても、思い通りにいかず泣いてしまったという経験はどの子どもにもあるはずです。そこで自分たちにもそんなことがある、という共感をもたせながら説明します。

教師「みんなも、いやなことがあったり、やりたくないことがあったりすると泣くことってない？」

児童「うんうん。あるある」

教師「○○さんも、大きな声を出したり、寝転んで泣いたりしているときは、心の中がザワザワしているときだからね」

児童「ママに怒られたときってそうなるよね」

「ぼくも、保育園のころにあった」

教師「だから、○○さんが大きな声で泣いているときは、『どうしたの？』って聞かないで、そっと待ってあげようね」

児童「うん。わたし、待ってあげる」

このように、児童の経験に重ねながらパニック状態について説明し、自分たちは〝そっとしておけばいいんだ〟という具体的な対処方法を身につけさせることが大切です。

〝そっとしておく〟スキルから〝スルーする〟スキルへ

クラスの中に授業妨害行動をとる子どもがいた場合、どうすればいいのでしょうか。授業妨害行動をとる子どもの多くは、「みんなに見てほしい」「かまってほしい」という承認欲求から、授業中の離席、奇声を上げる、黒板前に出てくる、友達の物を取る、といった行動をとり、「みんなが見てくれた」「こうすればいい」と欲求の獲得をします。このような場合、間違った欲求の満たし方を身につけてしまっているため、間違った行動には反応しない〝計画的消去〟をし、正の行動をとった際に称賛し正しい欲求の満たし方を覚える必要があります。

教師が計画的消去をするのは比較的簡単ですが、それをクラスの中で周囲の子どもたちにさせることは容易ではありません。周囲の子どもたちに計画的消去をさせるために、「○○さんに反応しないで」とはいえません。それに、授業妨害行動を見た周囲の子どもたちは、「何でそんなことするの」「やめて」といった反応を取るため、ますます不適切な行動を強化してしまいます。

そのような場合は、周囲の子どもたちに「自分のことを一生懸命取り組みましょう」といった指示を出してみましょう。「〇〇さんには先生が注意をするから、みんなは注意しなくて大丈夫。まずは、自分のやっていることを一生懸命がんばってやろうね」というように話すことで、子どもたちは自分のことに集中するようになり、自然と視線が向かわなくなります。間接的に計画的消去を身につけさせることができるのです。

　こうしたスキルを身につけた子どもたちが増えてくることで、授業妨害行動をとっていた児童は、「みんなに見てもらえない」と感じるようになり、教師による正の行動への賞賛などから、次第に授業妨害行動が減少していくと考えられます。

ご褒美システムは
クラスでの了承をとってから

　支援が必要な児童によく実践するトークンエコノミー法。行動強化の技法として非常に有効な手段ですが、通常の学級でトークンを取り入れる際は注意が必要です。例えば一斉授業の中で、何分間頑張ったらシールをもらえる、ご褒美として外遊びやお絵描きなどの時間を設定することが考えられます。しかし通常の学級の子どもたちにとっては授業で椅子に座って学習し、課題をこなすことは当たり前です。「同じことをしているのに、なんで〇〇さんだけご褒美をもらえるんだろう？」といった疑問が生まれ始めます。そして「いいなあ」「ずるい」といった感情につながり、クラスの中で不満感が募っていくことになるでしょう。

そのような状態になるのを防ぐためにも、特定の児童に対してご褒美を使用する際には、クラスの子どもたちに了承を取ってから行うことが大切です。

教師「〇〇さんは、勉強の途中で教室からいなくなることがあるよね」
児童「あるある。何しているんだろうね」
教師「〇〇さんは、先生と勉強の約束を決めていて、それが全部できたら教室から出ていくんだよ」
児童「そうなんだね」
教師「〇〇さんもみんなと同じように、とても頑張って勉強をしているから、頑張ったときは、お絵描きをしたりしてもいいかな？」
児童「うん、わかった。みんなは、休み時間とか昼休みにすればいいもんね」

対象の児童の状況を丁寧に言葉で説明し、ご褒美についてクラスメイトの了承を取ってから始めます。

児童の状況を言語化し、教師が関わり方のモデルになる

パニックになったり、不適切な行動をとったりする児童に対して、教師が対応するだけでなく、クラスメイトの理解を深め、子ども同士で困っている友達を助け合うことができるようになることを目指したいものです。クラスの子どもたちの理解を促すためには、まずパニックになり、不適切な行動をとる児童の現状を言語化することが重要です。「〇〇さんが大きな声で泣いているね。心がザワザワしてそうだね」というように、現状を伝えます。そして、「〇〇さん、どうしたいのかな。先生、〇〇さんに聞いてくるね」「みんな、〇〇さん今は教室に入れないから、気持ちがふわふわになるまで廊下にいるって。待っていようね」というように伝えます。このように丁寧に説明しながら、関わり方をあえて周囲の子どもたちに見せるようにします。クラス内で共有していくことで、教師が関わり方のモデルとなり、それを真似する児童が出てくるようになります。そうすることでクラスメイトの理解を促し、自分たちで対応できるようになるでしょう。

「ずるい」と言われたらどうしたらよいですか？

発達障害のある子どもに配慮をしていると、それを見たクラスメイトが「ずるい」と不満を訴えてきました。どう対応すべきでしょうか。

通常の学級で合理的配慮の提供をすると、周囲の子どもから「特別扱いだ」という反応が返ってくることがあります。これは基礎的環境整備が十分でない可能性があります。

「ずるい」という子どもの背景には本人の困りがある

障害のある子どもへの合理的配慮は、他の子どもたちと同じように授業を受け、クラスへの活動に参加するために欠かせないものです。車いすや補聴器を使っているなど、障害の有無が可視化される場合は、他の子どもたちにも配慮や支援の必要性が伝わりやすいため不満に感じません。しかし、発達障害など自分たちとの違いがわかりにくい子どもが特別な配慮を受けていると、周りの子どもたちの中には「なぜあの子だけ特別扱いなのか」という疑問が湧いてくることがあります。

実は「ずるい」という気持ちの背景には、その子どもにも少なからず発達障害の子どもと同じような困りごとを感じていることが多いのです。

例えば、黒板の板書をノートに書き写す場面を想定します。

学習障害があるＡさんは、短い時間で書き写すことが難しいため、次の学習活動にスムーズに進めるように、あらかじめ板書計画の要点を記したプリントを渡したり、ノートへの転記ではなくタブレットで撮影したりすることを認めるなどの配慮をしています。これはＡさんの学習障害に対する合理的配慮といえます。

一方、クラスメイトの中には学習障害のあるＡさんほどではないけれど、板書を書き写すのが得意ではないＢさんも、できれば自分も板書の転記から逃れたいと思っています。しかし、教師がＡさんだけに配慮しているのを見ると教師が特別扱いをしていると感じ、「なぜＡさんだけ」と不満を訴えることにつながります。

徹底したユニバーサルデザインで全員の困りを減らす

まずは授業づくりや学級経営でユニバーサルデザインを徹底することです。集団全体に対してしっかりとUD化の手立てをしておくことで、全員の困りごとを少なくします。板書の例でいえば、書き写しやすいスッキリとした板書なら、Bさんの負担は減り、Aさんに対する配慮を「ずるい」と言ってしまうことは少なくなるはずです。つまりBさんが「ずるい」と言ってしまうのは、Aさんに限らずクラス全員が書き写しにくい板書をしてしまっていることが原因かもしれません。

十分にUD化された中では、誰もが快適に安心して学びを進めることができるため、Aさんが合理的配慮を受けていても、それを「ずるい」とは感じなくなります。むしろ、「配慮が必要なほど困っているんだな」と発達障害の子への理解も深まります。

支援や配慮を誰でも利用可能にする

発達障害のある子どもへの配慮や支援は、発達障害のない子どもにとっても有効なことが多いです。そこで**Aさんだけが使える「特別な」配慮や支援にせずに、クラスの誰もが困ったときには使える配慮や支援にしてはいかがでしょう。**

Bさんやその他の子どもたちには「自分が困ったときに」使える支援として示します。

そうすると、ちょっと長い文章のときはタブレットで撮るけど、短い文章でノートの方が早いというときは書き写すなど、使い分けるようになり、子どもたちは自分の困りごとに応じて配慮や支援の必要性を判断するようになるでしょう。

もちろん教育的観点から可能なかぎり配慮や支援を使わず、苦手なことにもチャレンジしてほしい場合もあります。その場合はチャレンジする意義などをしっかりと伝え、チャレンジした子を強くほめるなど、その子ども自身が報われるようにすることが大切です。

Q 保護者と関わる際のポイントは何ですか？

発達障害のある子の保護者と連携をとるためのポイントについて教えてください。

　子どもの育ちを支える上で、保護者との連携は重要です。子どもや保護者のその時々の状況や、積み重ねてきた園・学校との信頼関係によって、保護者の心情を理解しながら、子どもを支え合える信頼関係を築くことが大切です。

保護者に寄り添い、日々の関わりを深める

　子どもの健やかな成長を支え、子どもが安心して毎日を過ごすために、保護者と園・学校の連携は必要不可欠です。特に、子ども自身が、園・学校で何らかのうまくいかなさを感じている場合は、保護者と日々コミュニケーションを重ね、子どもの安心を支えていく必要があります。

●保護者の「今」に寄り添う

　子どもの様子に気づきがない、子どもの育ちに何らかの違和感がある、障害を認められ

ない、もっとこうしてほしいなど、保護者とコミュニケーションが図りづらいことがしばしばあります。診断の時期や相談の有無、これまでの経験だけでなく、家族構成や保護者自身の健康状態や勤務形態、地域の状況等にも影響され、保護者の障害受容のプロセスとも関わりが深い要因です。保護者の子どもとの前向きな関わりを支え、『今』どのような思いで子どもと過ごしているかを丁寧に捉え、その思いを否定しないことが大切です。

「障害受容」のプロセスを表す「らせん形モデル」（中田、１９９５）では、障害受容の過程を区切られた「段階」ではなく、肯定と否定の両面を連続的に繰り返す螺旋状の過程と考えます。落胆と適応を繰り返しながらも、そのすべてが受容の過程であるとしています。葛藤を重ねる保護者の思いに寄り添い、現在の状態として保護者の思いを受け止めながら、保護者も安心して過ごすことができることを心がけることが大切です。

●日々の関わりを大切に

担任と日々のエピソードを共有できることは保護者にとって大きな安心です。子どもが楽しく活動する姿、できたことを伝えることで、保護者から有効なアイデアを得ることもたくさんあります。互いに支え合える関係では、保護者がふと不安を口にすることがあります。細やかに保護者の思いを捉えながら寄り添うことで、信頼関係が深まります。

引き継ぎを大切に、気づきは前向きに共有する

担任が子どもの教育的ニーズを把握する際は、「園」「学校」という条件で、子どもを見立てることを中心に据えます。

保護者もまた、生まれたときからのわが子の性格を含め、願いや期待、不安や焦りなど様々な感情を伴いながら、これまでの経緯や経験に基づき、家での言動から学校での姿、担任の働きかけを想像します。気になる特性には特に敏感です。家で子どもがイライラする様子があれば、学校でストレスが大きいのではないか、わが子は誰かに嫌な思いをさせてしまってはいないか、弱い立場にあるのではないかと、想像をしてしまうものです。

●保護者の受け止めや不安、悩みなどに耳を傾ける

担任が気づきを共有する際、どのような言葉で、どんなエピソードを伝えるかで、保護者との関係性は大きく変わります。保護者に伝えたいことがある際は、まず保護者の受け止めや考えに耳を傾けることを大切にします。保護者の思いを聞くことで、子どもの言動や家庭での様子に疑問に感じていたことの背景がわかることもあります。そうすると、担

任が発する言葉も変わります。中には、わが子への見方が過度に厳しく、子どもに対して強く叱ったり、担任に対しても甘やかさないでほしいという要望を伝えて来られたりする方もいらっしゃいます。その場合も、まずは保護者がどのような受け止めをされているのかを把握することで、伝えるタイミングや方法、内容など、共有したい情報をどのように伝えるかを考えることができます。

●引き継ぎをもとに、ポジティブな捉えの共有、安心できる方法での共有を図る

これまでの積み重ねをポジティブに共有します。前学年で学校と関係があまりよくない場合も、今できていることを伝えることで、学校と保護者が子どもの変容をポジティブに捉えていく姿勢を共有します。特に、移行期や進級時の保護者の期待と不安は、大変大きいことをしっかりと心に留め、保護者が安心できる方法でコミュニケーションをとるようにします。個別の教育支援計画や個別の指導計画をツールに情報を共有することも、保護者の安心を支えます。就学前のように毎日顔を合わせることが難しい学校生活では、毎日の連絡帳、電話でのコミュニケーションは関係性を左右します。エピソードの共有や担任らしさが滲み出る文面など、事務的な連絡に留まらない内容は親近感につながります。管理職や学年部と連携し、時間をつくる工夫をしながら関係を築くことが大切です。

行事に向けた共有と協働を大切にする

行事は、園・学校生活において意欲や態度、集団としての連帯感や所属感を味わうことができる重要な位置づけにあります。子どもの成長を願い言葉遣いや態度も気合いがみなぎります。

一方で、子どもにとっては、練習期間も本番も普段と異なることが多くあり、不安定になる子どもは少なくありません。運動会のような場では「たくさんの人で緊張する」「失敗したくない」「音が大きい」「たくさんの人の視線が怖い」「難しくてできない」、集団宿泊などでは「時間を間違えないかな」「あの人と一緒だと緊張するな」「不安なとき誰に相談できるかな」「先生はどこにいるかな」など、当日だけでなく、シーズンを通して緊張と不安の中で過ごしていることが多くあります。楽しみと不安などでテンションのコントロールがうまくいかず、興奮状態が続くこともあります。調整できることとできないこともあり、保護者との連携は欠かせません。また保護者にとっても、不安定になるわが子を支えつつ、期待と落胆を感じやすい時期でもあります。人の目も気になります。わが子が安心して行事に臨むことができるか、切実な思いを抱えながら過ごしています。保護者が、園や学校に何かを発信されたときには、その思いにはぜひ寄り添いたいものです。

●保護者の思いに寄り添いつつ、子どもの思いを大切にする。

先生方は子どもに対してだけでなく、保護者の方にも行事を乗り越えた後の子どもの姿に成長と喜びを感じてほしいという願いをもたれると思います。担任として、保護者の切実な思いを共有していること、またその思いを大切にしたいと思っていることを率直に伝えることをおすすめします。その上で、大切にしたいのは子どもの思いです。前向きに保護者と共有し、その子らしい参加と成長に向け、子どもを信じ、励まし、ともに支えていくプロセスを重ねます。

●ともに支える協働者として、敬意と信頼を伝える。

保護者にとって、先生への信頼を感じる重要な要素は、先生が発する言葉や表情、態度ではないでしょうか。その端々から感じられる先生の思いは保護者を大きく支えたり、反対に大きな不信感を与える場合もあります。先生自身が子どもとの毎日の授業や生活を楽しみ、その時期の日々を保護者とともに悩み、ともに喜び合うことが、保護者にとっては何よりの安心であり、担任への信頼につながります。

保護者に転籍等を説明する場合に気をつけることは何ですか？

保護者に通級指導や特別支援学級への移籍を打診したいのですが、どのように説明すればよいでしょうか。

通常の学級の中で可能な、これまで本書で説明してきたような支援・配慮を行ってきたのですが、いろいろ手を尽くしても学習面や行動面で困難がある子どもがいます。

保護者へ説明する際には細心の注意を

この書籍では、通常の学級に在籍する多様な特性をもつ子どもたちへの授業づくり・学級づくりについて説明をしてきましたが、これら様々な手立てを講じてもすべての子どもたちの困難が解決するわけではありません。子どもの将来を見据えたときに、通常の学級にこだわるのではなく、通級や特別支援学級など、適切な学びの場を提案することも大切ですが、保護者へ説明する際には細心の注意を払う必要があります。

誰もが子どもの健やかな成長を望んでいますので、我が子の発達に何か問題があるとは思いたくありません。保護者は子どもが生まれてから最も長くそばにいるので、自分が一番子どものことを理解していると思われがちです。しかし発達障害が示す様々な「発達の偏り」は、園や学校などの集団の中では目立つものの、個々のペースで生活できる家庭ではその問題が表れにくい場合が多いです。そのため子どもの困難を説明されても「家庭では問題ないのに」と感じ、中には「先生との相性が悪い」と教員側の問題と捉えてしまう保護者もいます。そのような中で通級による指導や特別支援学級への移籍を提案されると「なぜそのようなことを言うのか」と青天の霹靂のように感じ、学校側の提案を拒否してしまうことがあります。

通常の学級で既に行っている支援を伝えること

通常の学級で可能な支援や配慮を十分に行わないまま、通級や特別支援学級を提案しても、保護者は「厄介払いをされた」と感じてしまうでしょう。保護者に提案する前に、本書でこれまで説明してきた様々な手立てをしっかりと講じておく必要があります。特にユニバーサルデザインの視点に基づいた授業・学級づくりをしっかりと取り組み、子どもに寄り添った学級づくりを大切にしていることを示していくことが大切です。

通級や特別支援学級を提案する前に、子どもの学校での様子を折に触れて伝えておくことが大切です。このとき、子どものネガティブな面ばかりを伝えてしまうと、保護者が担任に対して拒否感をもってしまうので、ポジティブな面も伝えていきましょう。

加えて、ネガティブな面を伝える際には、既に学級で取り組んでいる支援や配慮についてあわせて説明します。「様々な工夫はしてるけどなかなか…」と伝えることを通して、保護者と教員が協力体制をつくり、信頼関係を構築することが大切です。

通級や特別支援学級での指導や支援を具体的に伝える

保護者との信頼関係をつくった後、実際に通級指導や特別支援学級への移籍を保護者に提案するときには、「どのような支援や配慮があれば学習や学校生活がスムーズになるか」についての見立てを具体的に伝える必要があります。

例えば、思い込みが激しく友人とのトラブルが絶えない児童に、トラブルとなった場面を丁寧に振り返らせて理解させるSSTを通級による指導の中で受けてもらうことで、クラスメイトとの関係が改善するのではないか、など**通級や特別支援学級での指導内容を踏まえて説明するとよい**でしょう。

近年では特別支援教育や発達に偏りがある子どもへの理解が進み、保護者が進んで特別支援学級や通級指導を希望することも増えました。その場合であっても、ここで述べたポイントを踏まえて丁寧に説明することが大切です。

コーディネーターの役割について教えてください

特別支援コーディネーターとうまく連携を図りたいです。どんな役割なのでしょうか？

インクルーシブな学級・授業づくりを進める上で、特別支援教育コーディネーターの果たす役割は大きいです。担任の先生は、発達障害のある子の支援の充実と、ともに学ぶ環境づくりのためにも積極的に相談・協力し、組織をつくることが大切です。

特別支援教育コーディネーターとは

「発達障害を含む障害のある幼児児童生徒に対する教育支援体制整備ガイドライン」（平成29年3月、文部科学省）によると、特別支援教育コーディネーターは、各学校における特別支援教育の推進のため、主に、校内委員会・校内研修の企画・運営、関係機関・学校との連絡・調整、保護者の相談窓口等の役割を担うと示されています。他にも、ケース会議等の開催や、個別の教育支援計画及び個別の指導計画の作成など、校内の特別支援教育を整備・推進するための重要な役割を果たします。

インクルーシブな学級・授業づくりを支えるコーディネーターの存在

　インクルーシブな学級づくりには子どもの言動の背景要因に目をむけることから始めると述べましたが、それにはある程度の専門知識が必要です。そこで活用していただきたいのがコーディネーターです。

　例えば、長時間席についておくことが難しい子の背景要因を考える際、担任の見立てはとても重要ですが、コーディネーターや外部の方々の見立てを参考にすることも大切です。過敏さがある、社会性の発達のゆっくりさがあるなどの背景要因が考えられれば、ケース会議で支援方法を検討し、校内で支援体制を組織することができます。大切なのは担任だけで背負いすぎず、チームで対応することです。

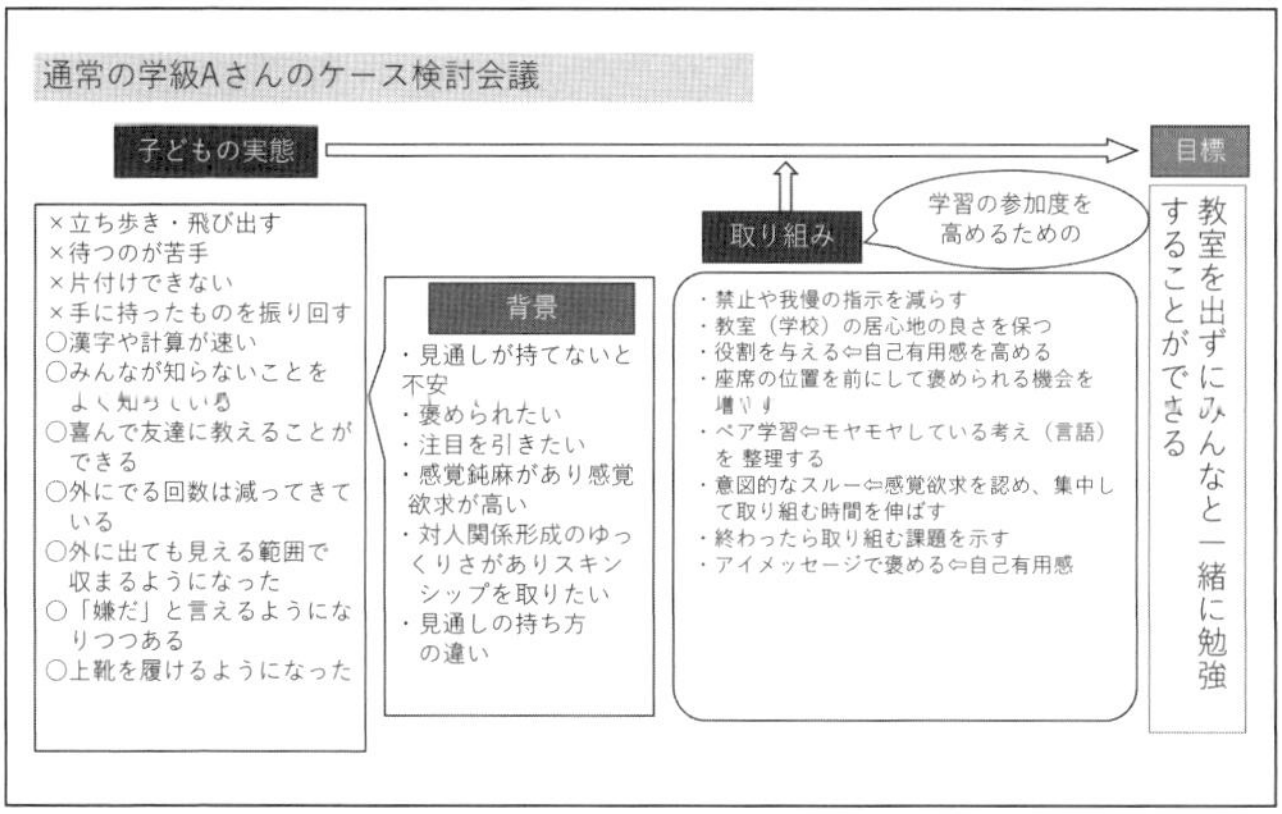
通常の学級Aさんのケース検討会議
子どもの実態
×立ち歩き・飛び出す
×待つのが苦手
×片付けできない
×手に持ったものを振り回す
○漢字や計算が速い
○みんなが知らないことをよく知っている
○喜んで友達に教えることができる
○外にでる回数は減ってきている
○外に出ても見える範囲で収まるようになった
○「嫌だ」と言えるようになりつつある
○上靴を履けるようになった
背景
・見通しが持てないと不安
・褒められたい
・注目を引きたい
・感覚鈍麻があり感覚欲求が高い
・対人関係形成のゆっくりさがありスキンシップを取りたい
・見通しの持ち方の違い
取り組み
学習の参加度を高めるための
・禁止や我慢の指示を減らす
・教室（学校）の居心地の良さを保つ
・役割を与える⇦自己有用感を高める
・座席の位置を前にして褒められる機会を増やす
・ペア学習⇦モヤモヤしている考え（言語）を 整理する
・意図的なスルー⇦感覚欲求を認め、集中して取り組む時間を伸ばす
・終わったら取り組む課題を示す
・アイメッセージで褒める⇦自己有用感
目標
教室を出ずにみんなと一緒に勉強することができる

個別の教育支援計画の作成と活用

「個別の教育支援計画」は、特別な支援が必要な子がこれまでどんな支援のもとで成長してきたかを引き継ぐものです。担任が作成しますが、何を引き継ぐかが重要です。

特別な支援が必要な子どもの実態を捉えるとき、子どもの難しいことや一人でできることは、担任をもつと数日もあれば大体把握することができます。一方、把握に最も時間がかかる部分が、下図の中央にある「他者の手助けや配慮があればできること」です。

これは言い換えると、担任が時間をかけてようやく見つけた、宝物のような情報です。どんな支援があれば「ともに学ぶ」ことができるか、インクルーシブな学級づくりに貴重な情報なので、丁寧に見つけ、つないでいきたいです。

	実態把握の視点	具体例1	具体例2	実態把握にかかる時間
難	配慮や手助けがあっても難しいこと	４５分自分の席で学習することが難しい	思い通りにいかないことに折り合いをつけることが難しい	短期間
↑	**他者の手助けや配慮があればできること**	**◎ペアやグループ活動があると１０分以上自分の席で学習ができる。 ◎音の刺激を減らすと１０分以上自分の席で学習ができる**	**◎ネガティブな感情を言語化し、代弁すると折り合いがつけられる ◎落ち着いている時に話すとその時どうすればよかったかを振り返ることができる**	**長期間**
易	１人でできること	１０分間程度自分の席で学習できる	思い通りにことが進むと安心して過ごすことができる	短期間

インクルーシブな学校をつくる「学びの場」の適切な検討を

インクルーシブ教育システムでは、通常の学級でできるかぎりともに学びつつ、必要に応じて学びの場を利用することを基本としています。

特別支援学級への転籍を検討する際、通常の学級でどんな支援が効果的だったかを出し合い、学びの場が適切かどうかを検討することが大切です。

できないことがあるから支援学級ではなく、できることが増える可能性が高いから支援学級へ。このような検討を通すことで転籍した後の子どもの主体的な成長や周囲の期待が高まります。ともに学ぶインクルーシブな学校づくりに対する管理職やコーディネーターのビジョンが重要です。

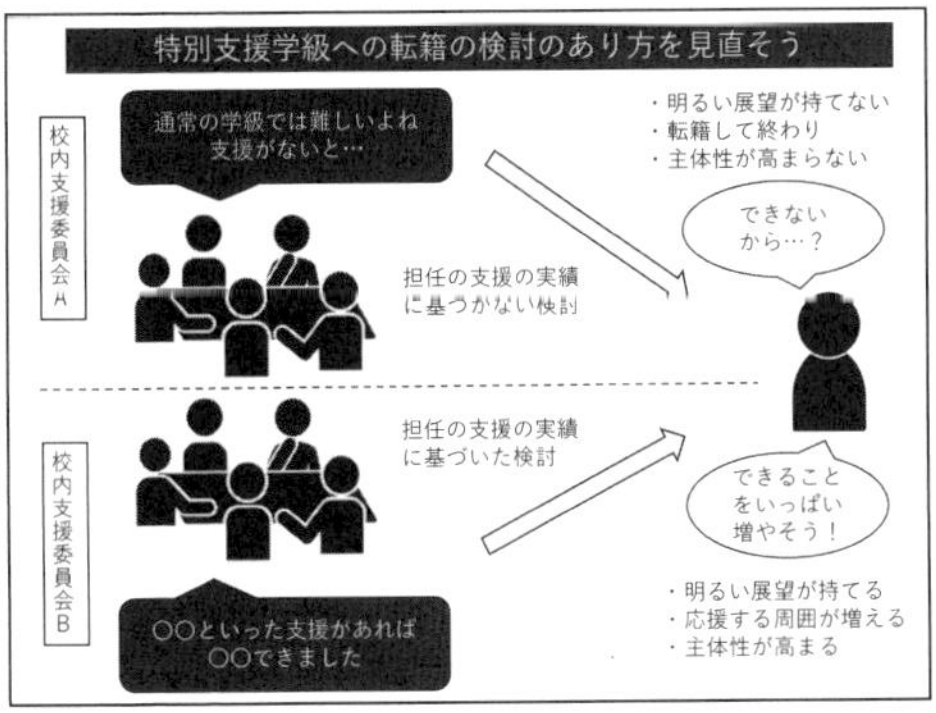
特別支援学級への転籍の検討のあり方を見直そう
校内支援委員会A
通常の学級では難しいよね
支援がないと…
担任の支援の実績に基づかない検討
・明るい展望が持てない
・転籍して終わり
・主体性が高まらない
できないから…？
担任の支援の実績に基づいた検討
校内支援委員会B
できることをいっぱい増やそう！
○○といった支援があれば
○○できました
・明るい展望が持てる
・応援する周囲が増える
・主体性が高まる

おわりに

本書は、『授業力&学級経営力』2022年4月号~2023年3月号及び『数学教育』2023年4月号~2024年3月号に掲載された連載に加筆修正を加え、さらに「くまもと授業のユニバーサルデザイン研究会（授業UD学会熊本支部「UD熊本」）のメンバーや菊池研究室出身者の執筆による新たな項目をまとめたものです。2015年に発足した「くまもと授業のユニバーサルデザイン研究会」も活動10年目の節目にあたります。この間、2018年には熊本地震によりメンバーのほとんどが罹災し、さらに2020年からはコロナ禍という度重なる危機を乗り越えて、UD熊本のメンバーで学んできた成果を書籍にまとめることができたことは、まさに感無量です。

本書が目指したのは、明日からでも可能なインクルーシブな学級・授業づくりの具体的な取り組みやポイントを紹介することです。多様性を包摂するインクルーシブな学級の実現は、未来の学校教育のあり方として喫緊の課題であることは間違いありません。その一方、インクルーシブな通常の学級とはどのようなものかを巡る議論は、必ずしも具体性を帯びたものばかりではなく、観念的・理念的なものに留まっているものも多いのが現状です。「今の日本の学校教育制度では無理」と諦めの境地に近いような話もよく耳にします。

もちろんインクルーシブな学級・授業づくりを実現するためには、少人数クラスへの制度変更など抜本的な改革が必要でしょう。しかしながら、現在の教育制度のもとでもインクルーシブな学級・授業づくりとして可能な取り組みはたくさんあるのではないでしょうか。まずは「今、できること」に取り組んでいくことが大切ではないかと思います。この本を手にとられた先生が、明日からの学級・授業づくりに少しでも本書の内容を取り入れてくれることを願っています。

末筆になりましたが、本書の企画・編集に際してご尽力いただきました明治図書出版の新井皓士さんと、くまもと授業のユニバーサルデザイン研究会立ち上げ時に私とともに代表として会を盛り上げていただいた吉見和洋先生に心より感謝申し上げます。

２０２４年８月

菊池　哲平

参考文献一覧

・青山新吾・岩瀬直樹『インクルーシブ教育を通常学級で実践するってどういうこと？』（学事出版、2019）
・阿部利彦・赤坂真二・川上康則・松久眞実『人的環境のユニバーサルデザイン』（東洋館出版社、2019）
・岩永竜一郎「協調運動の障害の早期の発見と適切な支援の普及のための調査」（厚生労働省令和4年度障害者総合福祉推進事業指定課題報告書、2022）
・荻上チキ『いじめを生む教室　子どもを守るために知っておきたいデータと知識』（PHP研究所、2018）
・桂聖『国語授業のユニバーサルデザイン　全員が楽しく「わかる・できる」国語授業づくり』（東洋館出版社、2011）
・授業のユニバーサルデザイン研究会　監修／桂聖・廣瀬由美子　編著『授業のユニバーサルデザインを目指す国語授業の全時間指導ガイド5年』（東洋館出版社、2013）
・川上康則『教室マルトリートメント』（東洋館出版社、2022）
・菊池哲平「HSPと発達障害は区別可能なのか？」（熊本大学教育学部紀要71巻、2022）
・菊池哲平『授業UD新論　UDが牽引するインクルーシブ教育システム』（東洋館出版社、2024）

・小貫悟「学習指導要領の新しい動きと授業UDの技法　すべての「学びの過程における困難」に対して【手立て】を生み出す」(『授業のユニバーサルデザイン』Vol.11、東洋館出版社、2018)
・サイモン・バロン=コーエン『自閉症スペクトラム入門　脳・心理から教育・治療までの最新知識』(中央法規出版、2011)
・竹尾浩輔「特別支援学級の子どもの体育への苦手意識」(『体育科教育』2022年2月号、2022)
・中田洋二郎「親の障害の認識と受容に関する考察　受容の段階説と慢性的悲哀」(早稲田心理学年報第27号、1995)
・秦政春「いじめ問題と教師　いじめ問題に関する調査研究(Ⅱ)」(日本教育社会学会大会発表要旨集録、1998)
・藤田和弘『「継次処理」と「同時処理」　学び方の2つのタイプ　認知処理スタイルを生かして得意な学び方を身につける』(図書文化、2019)
・文部科学省「算数・数学ワーキンググループにおける審議の取りまとめについて(報告)」(2016)
・文部科学省「小学校学習指導要領(平成29年告示)解説　音楽編」(2017)
・文部科学省「小学校学習指導要領(平成29年告示)解説　国語編」(2017)
・文部科学省「発達障害を含む障害のある幼児児童生徒に対する教育支援体制整備ガイドライン」(2017)

・文部科学省「通常の学級に在籍する特別な教育的支援を必要とする児童生徒に関する調査結果（令和４年）について」（２０１７）
・ＣＡＳＴ「学びのユニバーサルデザイン（ＵＤＬ）ガイドライン」（udlguidelines.cast.org、２０１８）

【執筆者一覧】

菊池哲平（熊本大学大学院教育学研究科・教授）　第1章⑵2・第2章⑵3

松崎さとみ（熊本市立託麻東小学校・教諭）　第2章⑴2

東　千貴（熊本市立若葉小学校・教諭）　第2章⑴3、4、⑶1、7

山田光太郎（熊本市教育委員会・指導主事）　第2章⑴5

上原正士（熊本大学教育学部附属小学校・教諭）　第2章⑴6

髙田実里（熊本市立長嶺小学校・教諭）　第2章⑵1

宮本美哉（熊本市立帯山小学校・教諭）　第2章⑵3、⑶3

松下頼紗（菊陽町立武蔵ヶ丘北小学校・教諭）　第2章⑵4、6

久村忠司（荒尾市立府本小学校・教諭）　第2章⑵8

竹尾浩輔（熊本市立碩台小学校・教諭）　第2章⑵9

前田浩志（熊本市立秋津小学校・教頭）　第2章⑶5

井手尾美樹（熊本市教育委員会・指導主事）

［協力］くまもと授業のユニバーサルデザイン研究会

【編著者紹介】
菊池　哲平（きくち　てっぺい）
熊本大学大学院教育学研究科教授
博士（心理学）、臨床心理士、特別支援教育士スーパーバイザー。九州大学大学院人間環境学府博士後期課程単位取得退学後、日本学術振興会特別研究員PD、熊本大学准教授を経て現職。
発達障害、特に自閉症スペクトラム障害のある子どもの障害特性の理解と支援方法を中心に研究しながら、地域の学校現場における授業づくり・学級づくりへの助言・アドバイスに携わる。
日本授業UD学会理事、日本ダウン症学会理事、日本LD学会評議員。主著に『授業UD新論　UDが牽引するインクルーシブ教育システム』（単著、東洋館出版社）、『自閉症における自己と他者、そして情動：対人関係性の視点から探る』（単著、ナカニシヤ出版）、『必携　発達障害支援ハンドブック』（分担執筆、金剛出版）、『特別支援教育　情報活用能力を育む授業づくり』（共同監修、明治図書出版）。

Q＆Aで学ぶ
インクルーシブな学級づくり＆授業づくり
多様性を包摂する授業ＵＤの視点から

2024年10月初版第１刷刊　©編著者　菊　池　哲　平
発行者　藤　原　光　政
発行所　明治図書出版株式会社
http://www.meijitosho.co.jp
（企画）新井皓士（校正）大内奈々子
〒114-0023　東京都北区滝野川7-46-1
振替00160-5-151318　電話03（5907）6701
ご注文窓口　電話03（5907）6668
＊検印省略　組版所　株式会社木元省美堂

Printed in Japan　ISBN978-4-18-277616-8